Herbert Herges-Hergau
Johann Lenzenweger

Der Mühlviertler
Mittellandweg
von Oberkappel bis Waldhausen

Farbbild auf der vorderen Einbandseite:
„Motiv vom Mittellandweg" von Walter Hofstadler, weitere
21 Abbildungen im Buch von Herbert Herges-Hergau (8),
Walter Hofstadler (9) und Hans Pilz (4).

Vorsatz
Oberkappel an der Grenze zu Bayern – Ausgangspunkt
oder Ziel einer der schönsten Mühlviertler Wanderungen,
dem Mittellandweg Nr. 150 des ÖAV.

Nachsatz
Ein Wanderweg geht nie zu Ende. Beim Stift Waldhausen
kreuzt der Kremstaler Wanderweg den Endpunkt unseres
Mittellandweges und führt weiter in die Wachau.

6 Wegskizzen im Textteil: Österreichischer Alpenverein,
Sektionenverband Oberösterreich
Die letzten vier Seiten dienen zur Aufnahme der Kontrollstempel
Anhang: Leistungsblatt zum Erwerb des Wanderabzeichens

Herbert Herges-Hergau
Johann Lenzenweger

Der Mühlviertler Mittellandweg

Von Oberkappel bis Waldhausen

Herausgegeben vom Österreichischen
Alpenverein,
Sektionenverband OÖ.

Oberösterreichischer
Landesverlag

CIP-Kurztitelaufnahme der Deutschen Bibliothek

Herges-Hergau, Herbert
Der Mühlviertler Mittellandweg: von Oberkappel bis Waldhausen
/ Herbert Herges-Hergau; Johann Lenzenweger. Hrsg. vom Österr.
Alpenverein, Sektionenverb. OÖ. – 1. Aufl. – Linz: Oberösterreichi-
scher Landesverlag, 1978

ISBN 3-85214-191-5

NE: Lenzenweger, Johann:

Copyrihgt © 1978 by Oberösterreichischer Landesverlag
Gesamtherstellung: Oberösterreichischer Landesverlag Linz
Einband und grafische Gestaltung: Herbert Friedl
Kartenskizzen: Manfred Reiter
ISBN 3-85214-191-5

Inhaltsverzeichnis

	Seite
Vorwort	7
Die 1. Wegetappe: Oberkappel – Pürnstein	24
Die 2. Wegetappe: Pürnstein – Zwettl an der Rodl	51
Die 3. Wegetappe: Zwettl an der Rodl – Trosselsdorf	75
Die 4. Wegetappe: Trosselsdorf – Bad Zell	92
Die 5. Wegetappe: Bad Zell – Waldhausen	110
Der Wegverlauf in umgekehrter Richtung (Ost–West) in Stichwörtern	145
Statt eines Schlußwortes	162
Literaturnachweis	163
Weganschlüsse	164
Merkblatt mit den Bedingungen für den Erwerb des Mittellandweg-Abzeichens	165
Verleihungsantrag für das Wegabzeichen	169
Blätter zur Aufnahme der Kontrollstempel	171

Dieses Wanderbuch sei

Herrn Diplomingenieur Hellmuth Feix,

erster Vorsitzender des Sektionenverbandes OÖ., Ehrenvorsitzender der Sektion Linz des Österreichischen Alpenvereins, gewidmet.

Die Größe eines Menschen ist nicht an Rang, Titel und Funktion erkennbar. Unbeirrbarer Idealismus, konsequenter Fleiß und unermüdliche Initiative machen sie erst sichtbar. Zur Persönlichkeit aber wird nur, wer Mensch bleiben kann. Und dies hat Dipl.-Ing. Feix zum „großen alten Herrn" des Oberösterreichischen Alpenvereins und nachahmenswerten Vorbild gemacht.

Zu aufrichtigstem Dank bin ich meinem besonders wanderfreudigen ÖAV-Kameraden

Herrn Johann Lenzenweger,

Jugendführer der Ortsgruppe Zwettl an der Rodl, verpflichtet. Ohne seine maßgebliche Arbeit wäre dieses Buch wohl nicht so leicht zustande gekommen.

Linz, im Mai 1977   Herbert Herges-Hergau

Vorwort

Etwas über das Land, das wir durchwandern wollen

Seinen besonderen Reiz und die eigenwillige, herbe Schönheit verdankt das Mühlviertel – bis vor wenigen Jahren noch der „vergessenste" Landstrich Mitteleuropas – seinen klimatischen Verhältnissen und seiner geologischen Struktur, die gemeinsam eine wesentliche Voraussetzung für jede wirtschaftliche Besiedlungs- und somit auch Erschließungsmöglichkeit bildeten.

Das mittelhohe Plateau (500 bis 600 m), Rest eines abgetragenen, alten Rumpfgebirges und Teil der „Böhmischen Masse", aus vornehmlich kristallinen Graniten und Gneisen bestehend, erhielt seinen hügeligen Charakter durch die tiefen Taleinschnitte der zahlreichen Gewässer, die hauptsächlich nach Süden der Donau zustreben. Darüber ragen – besonders im Norden – geschlossene Höhenzüge mit bewaldeten Kuppen hervor, die bis zu 1300 m Seehöhe reichen. Sie werden vom „Nordwaldkammweg" durchzogen. Aber auch im mittleren Teil des Mühlviertels, durch das sich unser „Mittellandweg" dahinschlängelt, gibt es zahlreiche bewaldete Erhebungen, die, bis über 900 m hoch, herrliche Rundblicke auf dieses so eigenartige weite Land gewähren.

Geschichte

Bedingt durch das feuchte und rauhe Klima, bedeckte einst den Großteil dieses Landes dichter Nadelwald und jahrhundertelang galt er, besonders im Norden und Nordosten, als undurchdringlich. Dennoch wurde beispielsweise im offenen Landschaftsteil des oberen Mühlviertels bereits in der jüngeren Steinzeit Handel betrieben.

Im 9. Jahrhundert, der Karolingerzeit, dringen zum ersten Male nachweislich Menschen in die Waldgebiete vor, ausgehend von den alten Handelssteigen, die schon damals die südlichen Donauniederungen mit dem Moldaugebiet verbanden (Via regia im Westen durch das Tal der Großen Mühl, der Nord-Süd-Weg durch den Haselgraben bzw. durch das Rodltal oder die Eisen- und Salzstraße von Mauthausen durch das Feldaisttal). Die lückenlos verfolgbare Geschichte des Mühlviertels beginnt allerdings erst nach dem Magyarensturm und einem kurzen slawischen Zwischenspiel, an das noch einige Ortsnamen, wie etwa Zwettl, erinnern. Im 12. und 13. Jahrhundert setzt mit der Hauptrodungszeit erst die richtige Kolonisationswelle im Land um die Große Mühl ein. In erster Linie waren es Ministerialen der Passauer Bischöfe, die hier, mühsam und völlig unromantisch als Pioniere dem Wald, der Einsamkeit und der extrem rauhen Witterung trotzend, an die Urbarmachung gingen. Heute künden noch Grabsteine, Burgruinen und verfallene Wehranlagen von der Tatkraft dieser Falkensteiner, Tannberger, Griesbacher u. v. a. Sie stießen weit nach Osten vor und erwarben dabei zum Teil sehr umfangreiche Besitzungen.

Gleichzeitig mit den Kolonisatoren kam auch die Christianisierung ins Mühlviertel, nur dauerte es noch drei Jahrhunderte, bis das Land mit Stift Schlägl sein erstes geistiges Zentrum erhalten sollte. Bald jedoch kapitulierten die ersten, aus Franken gekommenen Zisterziensermönche vor den Unbilden der Natur, so daß das erste Falkensteiner-Stift 1218 ein zweites Mal gegründet werden mußte (Prämonstratenser).

Mit dem unruhigen 15. Jahrhundert kommt zum ständigen harten Kampf gegen die Unerbittlichkeit der Umwelt noch die stete Bedrohung durch den Menschen hinzu.

Politisch waren „Rotelland" und „Riedmark" – so die alten

Namen des Mühlviertels – gemeinsam mit dem „Traungau" jene „drei Grafschaften", die schon zur Karolingerzeit zum Herzogtum Bayern gehörten, um später zur Markgrafschaft Österreich der Babenberger zu kommen und damit zu einem Kernland des heutigen Oberösterreich zu werden. Trotz aller Unruhen gingen die Rodungsarbeiten weiter, und bemerkenswert ist dabei, daß zum Beispiel im oberen Mühlviertel noch zu einer Zeit gerodet wurde (17. Jahrhundert), in der man in gemäßigteren Zonen längst alles Land verteilt und gesichert wußte.

Da zogen zunächst die Hussiten plündernd durch das Land und brandschatzten zahlreiche der jungen Mühlviertler Märkte. Nicht weniger grausam wütete die Pest, die ganze Familien ausrottete. Soldaten hatten die Seuche eingeschleppt, und bald war kaum noch ein Ort im oberen Mühlviertel von ihr verschont. Viele Kreuzsäulen und Marterln erinnern heute noch an die Schreckenszeit. Dann kamen die für Oberösterreich so bedeutsamen Bauernrevolten, und wieder ist es das Mühlviertel, das zum Ausgangs- und Endpunkt der Bauernkriege wurde. Denn mögen sich auch die Entscheidungsschlachten südlich der Donau, im Kampf um Linz, im Emlingerholz bei Eferding oder bei Pinsdorf abgespielt haben, die Aufstände von 1595 und 1626 brachen im Mühlviertel aus, und zwar einerseits in St. Peter am Wimberg und anderseits in Lembach. Am 17. Mai 1626 erschlugen die wütenden Bauern während eines Kirchweihfestes sechs bayerische Soldaten. Damit war wieder einmal ein Funke ins Pulverfaß gesprungen. Das Wirtshaus, in dem sich dies abgespielt hatte, liegt übrigens ganz nahe an unserem Mittellandweg, ist heute noch Gasthaus und als Bauernkriegsgedenkstätte ausgestattet. Das Bauernaufgebot, das eine Woche nach der geschilderten Begebenheit bereits die beachtliche Stärke von zweitausend Mann angenommen hatte, zog in der Folge unter der Führung des

Gastwirtes Christoph Zeller monatelang durchs Mühlviertel, bis schließlich vor Leonfelden die kaiserlichen Truppen den Aufständischen in einem Treffen eine entscheidende Niederlage bereiten konnten.

Auch die Gegenreformation kannte im Mühlviertel keine Gnade und Tausende lutherische Mühlviertler, die ihrem Glauben nicht abschworen, mußten auswandern.

Bis in die Zeit der jüngsten Geschichte konnte das Land nicht zu andauernder Ruhe gelangen. Waren es das passauische Kriegsvolk, die Schweden, napoleonische Heeresteile oder die Truppen- und Flüchtlingsströme des zweiten Weltkrieges – immer wieder traf das Schicksal mit besonderer Härte jene Menschen, die als Holzfäller friedlich ihrer schweren Arbeit nachgingen, genügsam ihren Acker bestellten oder fleißig und unermüdlich als Leinenweber oder Sensenschmiede bescheiden ihr tägliches Brot verdienten. Nach Kriegsende kam der ganze Landstrich nördlich der Donau bis 1955 unter russische Besatzung und wurde von seiner Landeshauptstadt Linz fast hermetisch abgeriegelt. Dies und die vollständige Abschließung der gesamten Nordgrenze, über die hinweg sich im letzten Jahrhundert doch ein recht ansehnlicher wirtschaftlicher Verkehr entwickelt hatte, mußte zu einer schweren Schädigung führen, von welcher sich das Mühlviertel bis heute noch nicht vollends erholen konnte.

Klima, Tier- und Pflanzenwelt

Das Mühlviertel nimmt eine Übergangsstellung von den Donauniederungen im Süden zur innerböhmischen Landschaft im Norden ein. Dies drückt sich auch im Klima aus. Lediglich die Freistädter Senke stellt eine Art Trockeninsel in dem sonst niederschlagsreichen Gebiet dar. Rauhe, kalte

Nordwinde – der „böhmische Wind" ist sprichwörtlich bekannt – und schneereiche, lange Winter tragen dazu bei, daß der Vegetationsrückstand gegenüber den Donauniederungen meist drei bis sechs Wochen beträgt. Dafür erfreut sich das Mühlviertel milder und nebelfreier Herbsttage mit klarem, sonnigem Wetter bis oft in den November hinein. Bei Föhn liegt die gesamte Alpenkette – zum Greifen nahe – vor den staunenden Augen des Wanderers, denn das Mühlviertel ist das ideale Wandergebiet zu jeder Jahreszeit, ein ruhiges, erholsames Land im zarten Grün des Frühlings, in den satten Farben des reifenden Sommers, in der bunten Pracht des Herbstes ebenso wie im glitzernden Rauhreif des Winters.
Die ausgedehnten Waldungen sind in erster Linie durch Nadelhölzer, wie Fichte und Föhre, schon weniger Tanne, gekennzeichnet. Vor allem am wärmeren Südrand trifft man auch Mischwald an, in dem die Rotbuche vorherrscht. In der Hochmoor- und Heidelandschaft wuchern Erika, Sonnentau, Arnika und Fettkraut neben Torfmoos und Wollgras. Hier ist noch die Birke zu Hause. Zur Buntheit des Herbstkleides tragen Wacholdersträuche, Heckenrosen und Vogelbeerbäume bei, während Margeriten, Glockenblumen und zahlreiche Nelkenarten die Sommerwiesen bevölkern. An Beerenarten sind vor allem Himbeere und Brombeere zu nennen, aber auch Preiselbeeren und Walderdbeeren trifft der Wanderer zur Reifezeit in großen Mengen an. Auch Pilzsucher kommen auf ihre Rechnung. Im feuchten Schatten der Wälder stehen Herren-(Stein-)pilze, Parasole, eßbare Täublingsarten und viele andere genießbare Pilzarten neben Eierschwämmen (Pfifferlingen) u. v. a.
Das Mühlviertel beherbergt so ziemlich alle üblichen jagdbaren Tiere, wie Feldhase, Reh, Fasan, Rebhuhn, vereinzelt auch Birkhahn und Wildente. Natürlich fehlen nicht Fuchs, Marder, Iltis und Wiesel. An Raubvögeln trifft man neben

Habicht und Falke die Eule und einige Kauzarten an. Häufig wechselt über die Nordgrenze auch Schwarzwild bis ins mittlere Mühlviertel.

Wirtschaft, Siedlungsformen und Kultur

Abseits großer Straßenzüge und Städte ist das Mühlviertel immer noch ein Bauernland, allerdings mit meist kargem Wirtschaftsboden – eine Art Bergbauerngebiet. Hauptsächlich werden Roggen, Hafer und Gerste als Futtergetreide angebaut, nur in tiefergelegenen Gegenden und weiter im Süden gedeihen auch Weizen und Mais. Die klimatischen Bedingungen machen den Obstbau nicht überall möglich. Dafür aber werden in großen Mengen Kartoffeln und Kraut angebaut. Seit alter Zeit zieht man im Westen Hopfen. Auch Ribiselkulturen (schwarze Johannisbeere) sind anzutreffen. Der einst für die Hausweberei so bedeutsame Flachsanbau ist heute kaum noch nennenswert.

Die Landwirtschaft ist im wesentlichen auf Milchwirtschaft und Schweinezucht ausgerichtet. Der Forstwirtschaft kommt noch die entsprechend größere Bedeutung zu.

Vor allem die Erzeugnisse des eigenen Landes werden in den kleinen Industrie- und mittleren Gewerbebetrieben verarbeitet. Sie reichen nicht aus, um allen Einwohnern Arbeitsplätze zu bieten, weshalb ein Großteil der Arbeitnehmer auf das „Einpendeln" in die Betriebe des oberösterreichischen Zentralraumes angewiesen ist. Das „Pendeln" im Mühlviertel wird dadurch mehr als anderswo zum Problem, weil nur mehr etwa ein Drittel der bäuerlichen Wirtschaften voll geführt werden können, so daß der Bauer als Pendler bereits seinen Hauptunterhalt in der Großindustrie suchen muß. Seinen Hof führt er dabei als Nebenerwerbsbetrieb weiter, wobei die Hauptlast der bäuerlichen Arbeit auf die Bäuerin fällt. Viele kleinere Landwirtschaftsbetriebe werden nicht mehr rentabel, und als äußeres Zeichen der Landflucht verfallen dann die verlassenen Gehöfte. Da aber kehrt der Wald zurück, überwuchert alles und nimmt sich das wieder, was ihm durch die Rodungen im Mittelalter entrissen wurde.

In den Siedlungsformen unterscheiden sich die östliche und die westliche Landeshälfte voneinander. Westlich des Haselgrabens, also im früher besiedelten Teil des Mühlviertels, dominiert der Einzelhof oder das Haufendorf. Im östlichen Teil finden wir nur planmäßig angelegte Siedlungen, wie den geschlossenen Weiler, das Kirch- oder Straßendorf und das spezifische Waldhufendorf. Bei dieser Siedlungsform stehen die Häuser nebeneinander entlang der Straße, während die bebauten Grundstreifen hinter jedem Haus bis hinauf zum Waldrand angelegt sind.

Die häufigste Häuserform ist der fränkische Dreiseithof, meist aus nicht verputzten Granitsteinen gebaut, die mit Kalk verfugt sind. Die Ursache für diese sparsame und nur zweckdienliche Bauweise ist sicherlich der Mangel an Lehm für Ziegel. Vom Süden herauf reichen auch Vierseit- und die für das übrige Oberösterreich übliche Form des Vierkanthofes bis in die tiefergelegenen Landesteile hinein.

Dem Wesen des Menschenschlages und seiner Landschaft entsprechend zeigt sich auch die Kunst im Mühlviertel herb und nicht aufdringlich. Die Holzhäuser und Holzkirchen sowie die hölzernen Wehranlagen der ersten Siedlerzeit wichen relativ früh dem stabilen Steinbau. Wie bereits erwähnt, bestimmt geringes Lehm- und Kalkaufkommen die Bauweise, so daß in Ermangelung dieser Materialien hauptsächlich die Natursteinbauart vorherrscht. Typisch und wohl einmalig zeigen sich dabei die scheckigen Mauern des Mühlviertler Bauernhauses. Sogar beim Gewölbebau gotischer Kirchen verwendete man den bloßen Stein. Lange hielt sich das Stroh- oder Schindeldach auch auf Kirchenbauten.

Nur langsam löst um die Mitte des 13. Jahrhunderts der oftmals sich verändernde gotische Stil den romanischen ab. Weit seltener als die Werke der Gotik treffen wir im Mühlviertel Zeugen der Renaissance und des Barocks an, nur vereinzelt und meist auch nur in Schlössern und Klöstern. Es wäre falsch, die Kunstdenkmäler des Mühlviertels nur in den größeren Orten zu suchen, denn die schönsten Beispiele künstlerischen Schaffens vergangener Kulturepochen finden wir mitunter in den kleinsten Dorfkirchen, in unscheinbaren, winzigen Kapellen, als Marterl oder Wegkreuz – vielleicht gerade entlang unseres Mittellandweges.

Wandern und Wanderwege

In der Hektik unseres volltechnisierten Industriezeitalters bietet sich das Mühlviertel unberührt, sauber und ruhig als eines der so rar gewordenen und dennoch so wichtigen Erholungsreservate an. Man kann nicht oft genug betonen, daß dieses ideale Erholungsparadies das ganze Jahr hindurch empfohlen werden kann. Im Frühjahr und im Herbst kommt hier der Wanderer, aber auch der Fischer und Jäger voll auf seine Rechnung. Im Sommer ist das Mühlviertel noch ein echtes Urlaubsland. Nicht nur die gutgeführten Gasthöfe und Pensionen verwöhnen den Urlauber, besonders verlockend wird der hier stark propagierte „Urlaub am Bauernhof" meist von kinderreichen Familien in zunehmendem Maße konsumiert. Im Winter aber ist das Mühlviertel zum Land des Skisports geworden. Zahlreiche Sessel- und Schlepplifte ermöglichen angenehme und ungefährliche Abfahrten besonders für jene Skiläufer, die vernünftigerweise keine Rekorde aufstellen wollen, sondern diesen herrlichen Wintersport ihrer Gesundheit willen und zum echten Vergnügen betreiben.

Ganz hervorragend eignet sich das Mühlviertel im Winter für das Skiwandern und den Skilanglauf, eine Sportart, die sich heute wohl jeder leisten kann (Skiwandern und Langlauf sind zwar eine der billigsten Sportarten, dafür aber eine der gesündesten und ungefährlichsten für jung und alt).
Heute durchziehen das Mühlviertel zahllose gut angelegte regionale Wanderwege, die in dankenswerter Weise von den Gemeinden, Fremdenverkehrsvereinen und -verbänden sowie von den alpinen Vereinen angelegt wurden. Zwei Weitwanderwege sind überregional, weil sie in das europäische Fernwanderwegenetz eingebunden wurden. Im Norden durchquert in West-Ost-Richtung der seit 16 Jahren bestehende Nordwaldkammweg das Land und fast parallel dazu weiter südlich der im Herbst 1976 feierlich in Zwettl an der Rodl eröffnete Mittellandweg (Nr. 150). Beide sind der Initiative des heutigen Vorsitzenden des Sektionenverbandes Oberösterreich des Österreichischen Alpenvereins, Herrn Dipl.-Ing. Hellmuth Feix (Linz), zu verdanken.

Der Mittellandweg (Nr. 150)

Der Mittellandweg (Markierung rot-weiß-rot, im weißen Feld die Nummer 150) führt in einer Gesamtlänge von rund 130 km in mittlerer Höhe durch das ganze Mühlviertel, großteils am Abbruch der böhmischen Masse entlang, den Blick mehr als andere Wege nach Süden, stellenweise bis weit über das Alpenvorland hinaus, freigebend – von der bayerischen Grenze im Westen bis nach Niederösterreich (Waldviertel) im Osten. Er ist leicht zu begehen und eignet sich ebenso für junge wie auch für ältere Wanderer, am besten für ganze Familien mit Kindern.
Das Wandern – heute gottlob wieder in Mode gekommene, stark verbreitete Volkssportart – stellt zweifellos die beste Bewegungstherapie zur Gesunderhaltung dar. Das Wan-

dern auf unserem Mittellandweg soll aber zusätzlich die unvergleichlichen landschaftlichen Schönheiten und die kulturellen Sehenswürdigkeiten des Mühlviertels vermitteln.
Darum soll dieses Buch den Versuch darstellen, sowohl Wanderwegführer mit möglichst genauer Wegbeschreibung als auch Führer durch die Geschichte und das Kunstschaffen des Landes entlang unseres Wanderweges in einem zu sein.
Fassen Sie dieses Buch als herzlichste Einladung zur Begehung des Mittellandweges Nr. 150 auf, um dabei ein Stückerl unserer schönen Welt besser kennenzulernen. Sie werden nicht enttäuscht sein!

Kurzer Wegverlauf

Wir haben den etwa 130 km langen Weg absichtlich in fünf relativ lange Wegstrecken geteilt (siehe Wegskizzen):

1. Oberkappel – Ameisberg – vorbei an Putzleinsdorf – Maria Bründl – vorbei an Lembach – Ruine Tannberg an der Kleinen Mühl – vorbei an Altenfelden und Neufelden – über die Große Mühl zur Burg Pürnstein (ca. 24 km).

2. Steinbruch – über das Pesenbachtal – Hansberg – Waxenberg – Oberneukirchen – ÖAV-Herberge Sonnenhof – nach Zwettl an der Rodl (ca. 26 km).

3. Burg Reichenau – über die Große Gusen – Helmetzedterberg – Lamm – Schall – nach Trosselsdorf bei Neumarkt i. M. (ca. 22 km).

4. Über die Kleine Gusen – Loibersdorf – Schmidsberg – über die Feldaist – Selker – Reichenstein – über die Waldaist – Erdleiten – nach Bad Zell (Zell bei Zellhof) (ca. 27 km).

5. Vorbei an Schloß Zellhof – über die Naarn – vorbei an Rechberg – St. Thomas am Blasenstein – Ruine Klingenberg – Pabneukirchen – Dimbach – nach Waldhausen im Strudengau (ca. 31 km).

Kontrollstellen

1. Oberkappel:
Gasthof Fischer, 4144 Oberkappel 81, Tel. (0 72 84) 216.

2. Pürnstein:
Burggasthof Scharinger, 4120 Pürnstein, Tel. (0 72 82) 230.

3. Zwettl an der Rodl:
ÖAV-Herberge, Gasthof und Pension „Sonnenhof", 4180 Innernschlag 1, Tel. (0 72 12) 234.

4. Trosselsdorf:
Miesenbergers Gasthaus „Zum Grünen Kranz", 4212 Neumarkt i. M., Trosselsdorf 9, Tel. (0 79 41) 217.

5. Bad Zell:
Gasthof Haider, 4283 Bad Zell 41, Tel. (0 72 63) 277.

6. Waldhausen:
Gasthof Schauer, 4391 Waldhausen 6, Tel. (0 74 18) 227.

Wanderabzeichen

Das schöne Wanderabzeichen sollte unserer Ansicht nach kein ausgesprochenes Leistungsabzeichen sein. Wir wollen ja, daß Sie den *Mittellandweg* in Ruhe, bewußt und zur Erholung begehen, dort verweilen, wo es Ihnen am besten gefällt oder wo Sie etwas Sehenswertes entdecken. Das Wanderabzeichen wird daher nur in einer Ausführung und als freundliche Erinnerung an das Erlebnis des großen Weges abgegeben.

Sie erhalten es in der Geschäftsstelle des Sektionenverbandes Oberösterreich des Österreichischen Alpenvereins (egal, ob Sie Mitglied sind oder nicht) in Linz, Hauptplatz 23, Tel. Linz (0 73 2) 24 2 95, wenn Sie das Beiblatt (letzte Seite dieses Buches), mit Name, Alter und Anschrift versehen, dort abgeben. Gleichzeitig müssen Sie dieses Wanderbuch vorweisen, auf dessen letzten vier Seiten alle erforderlichen Kontrollstempel mit Datum und Unterschrift der Kontrollstelle enthalten sein müssen. Es ist dabei gleichgültig, mit welcher Wanderetappe Sie begonnen oder in welcher Reihenfolge Sie die Kontrollstellen des Mittellandweges passiert haben. Die einzige Bedingung ist, daß Sie alle fünf Etappen innerhalb eines Kalenderjahres durchwandert haben und daß Sie sich jeweils am Anfang und am Ende einer Wegstrecke die erforderlichen Kontrollstempel in das Wanderbuch geben ließen.

Wichtig:
Die vollständige Durchwanderung des Mittellandweges Nr. 150 wird mit 130 km und mit vier Teilnahmewertungen für die Erlangung der Europavolkssportabzeichen der Europäischen Volkssport-Gemeinschaft (EVG) voll angerechnet. Auskünfte erteilt die Leitstelle Österreich der EVG, 7000 Eisenstadt, Hartlsteig 3.

Die Wegbetreuung

Das Stück von Oberkappel bis zum Hansberg wird von der Sektion Rohrbach und den ihr angehörenden Ortsgruppen Helfenberg und Schallenberg (Sitz in Traberg) des Österreichischen Alpenvereins betreut. Außer zahlreichen Wegen im örtlichen Bereich aller drei Gruppen betreut die Sektion Rohrbach noch den Falkensteinerweg Nr. 110 (Aigen – Ameisberg – Oberkappel – Rannatal – Donau). Es ist dies der erste Mühlviertler Nord-Süd-Weg, der von Oberkappel bis zum Ameisberg gemeinsam mit unserem Mittellandweg Nr. 150 verläuft. Die Ortsgruppen Schallenberg und Helfenberg sind verantwortlich für den zweiten Mühlviertler Nord-Süd-Weg Nr. 140 (Linz – Giselawarte – Untergeng – Lobenstein – Oberneukirchen – Waldschlag – Piberstein – Helfenberg – Afiesl am Nordwaldkamm), und zwar ab Waldschlag bis zur böhmischen Grenze. Die Sektion Rohrbach und die Ortsgruppe Helfenberg markieren ferner den westlichen Teil des Nordwaldkammweges (Europaweg

Nr. 6), wobei die Ortsgruppe Helfenberg auch die Helfenberger ÖAV-Hütte an der Grenze bei Afiesl errichtet hat. Vom Hansberg bis Oberneukirchen folgt die Ortsgruppe Oberneukirchen der ÖAV-Sektion Linz, die zahlreiche Wanderwege rund um den Ort (in der Wegbeschreibung größtenteils erwähnt) und zwei Rundwanderwege erhält. Die Wegstrecke von Oberneukirchen bis Schloß Reichenau wird von der Ortsgruppe Zwettl an der Rodl der Sektion Linz des Österreichischen Alpenvereins betreut, wobei die Zwettler auch noch ein weiteres Wanderwegenetz von über 100 km (siehe teilweise in der Wegbeschreibung) zu erhalten haben. Gemeinsam mit der Ortsgruppe Oberneukirchen betreuen sie auch das Stück Untergeng – Waldschlag des erwähnten Nord-Süd-Weges Nr. 140 und zeichnen auch verantwortlich für den dritten Mühlviertler Nord-Süd-Weg Nr. 160 (St. Magdalena bei Linz – Hellmonsödt – Sonnberg – Bad Leonfelden), genaugenommen für die Wegstrecke ab Hellmonsödt. Erwähnenswert sind schließlich noch die mit blauen Dreiecken ausgeschilderte „Kleine Zwettler Runde" (13 km) und die durch Zusammenschluß mehrerer markierter örtlicher Wege entstandene und gleichfalls ausgeschilderte „Große Rodltal-Runde" (30 km).

Von Schloß Reichenau bis zur Abzweigung am Helmetzedterberg markiert der Verschönerungs- und Fremdenverkehrsverein Reichenau, der ebenfalls ein ausgedehntes Wanderwegenetz (siehe teilweise in der Wegbeschreibung) erhält, nach Art des Alpenvereins, also „rot-weiß-rot" mit schwarzen Nummern im weißen Feld, bezeichnet. Vorbildliche, selbst hergestellte Wegweisertafeln ergänzen das gut markierte Wegsystem, das durch eifrige Vereinsfunktionäre laufend kontrolliert wird.

Die Orte Oberneukirchen, Zwettl und Reichenau haben auch gemeinsam mit Hellmonsödt und Kirchschlag eine eigene Wanderkarte („Linzer Hochland", 1:30.000) herausgegeben, die in den örtlichen Geschäften, Geldinstituten und Gasthäusern erhältlich ist.

Von der Abzweigung Helmetzedterberg über Trosselsdorf bis Pfaffendorf an der Kleinen Gusen hat die Wegbetreuung – mangels anderer Möglichkeiten – wiederum die Ortsgruppe Zwettl an der Rodl der ÖAV-Sektion Linz übernommen, obwohl diese Wegstrecke schon sehr weit von Zwettl entfernt ist. Die Zwettler haben somit neben der ÖAV-Sektion Rohrbach den Löwenanteil am Mittellandweg.

Von der Steinmühle an der Kleinen Gusen über Selker bis Reichenstein ist der Fremdenverkehrsverband Pregarten zuständig. In Selker kreuzt übrigens der vierte Mühlviertler Nord-Süd-Weg Nr. 170 (Aisttalweg Liebenau – Mauthausen) des Touristenvereins Naturfreunde.

In Reichenstein beginnt das Gebiet der Ortsgruppe Bad Zell der Sektion Linz des Österreichischen Alpenvereins, das über Erdleiten – Bad Zell – Zellhof – Rechberg bis St. Thomas am Blasenstein reicht. Diese Ortsgruppe hat auch eine stattliche Anzahl markierter Wege im weiten Umkreis um Bad Zell, bis in den Raum Königswiesen und Unterweißenbach, angelegt und betreut vor allem auch die Zugänge zu den Ruinen Prandegg und Ruttenstein. An diesen Ruinen hat vor allem die Jugend der Ortsgruppe wertvolle Renovierungs- und Erhaltungsarbeiten geleistet.

Ab St. Thomas über Dimbach bis zur Einmündung in den Weg Nr. 606 (Waldviertler Weitwanderweg des Österreichischen Touristenklubs) am Schloßberg von Waldhausen markiert die Ortsgruppe Perg der Sektion Linz des ÖAV, deren eigentliches Arbeitsgebiet weiter südlich, rund um Perg, liegt.

Das letzte Stück vom Schloßberg bis in den Ort Waldhausen hat der Fremdenverkehrsverband Waldhausen übernommen.

Abschließend eine Bitte

Obwohl der Wanderweg laufend von ehrenamtlich tätigen Funktionären des Alpenvereins durchgegangen, betreut und nachmarkiert wird, kann es sein, daß an einzelnen Stellen auch zwischendurch die Markierung einmal etwas schwerer zu finden ist; werden doch immer wieder Bäume gefällt oder Häuser frisch verputzt, wodurch Markierungen verschwinden können. Pflöcke und Tafeln fallen um, werden umgefahren, ausgerissen, häufig auch mutwillig beschädigt. Der zuständige Markierungswart kann dies nicht immer sofort in Erfahrung bringen. Vielleicht werden auch neue Güter- oder Zufahrtswege errichtet, wobei die alten meistens umgeackert werden. Schimpfen allein hilft da nicht viel. Lassen Sie uns alle Mängel wissen und verständigen Sie uns bitte, damit wir rasche Abhilfe schaffen können. Sie helfen uns und den vielen Wanderern, die nach Ihnen den Weg begehen. Am ehesten erreichen Sie uns in der Geschäftsstelle des Österreichischen Alpenvereins, Sektionenverband Oberösterreich, 4020 Linz, Hauptplatz 23, Telefon (0 73 2) 24 2 95 (ab 1978: neue Nummer 73 2 95).
Wir danken Ihnen recht herzlich dafür!

Noch einige Hinweise

Zu Ihrer *Wanderausrüstung* sollten unbedingt feste, hohe Schuhe, ein ausreichender Regenschutz und sicherheitshalber eine warme Weste oder ein Pullover (auch im Sommer!) gehören. Auch die Mitnahme einer ,,kleinen Jause" wäre empfehlenswert, da Sie nicht überall gerade zu den üblichen Essenszeiten vielleicht einen Gasthof antreffen.
Am angenehmsten ist der Mittellandweg Nr. 150 im *Frühjahr* und im *Herbst* zu begehen. Auf Skiern ist die Durchwanderung im *Winter* durch die unberührte, verzaubert wir-

kende Landschaft ein unvergeßliches Erlebnis. Dazu kommt noch, daß auch die Begehung mit Skiern unter den vorgenannten Bedingungen für das Mittellandweg-Wanderabzeichen gewertet wird.
Erkundigen Sie sich vor jeder Wanderung über die *jeweils gültigen Autobus-Abfahrts- und -Ankunftszeiten*. Busverbindungen gibt es natürlich überall hin. Die westlichen Etappen sind auch mit der Mühlkreisbahn (Linz-Urfahr – Aigen-Schlägl) erreichbar. Die Haltestelle Pürnstein liegt beispielsweise direkt am Mittellandweg. Im unteren Mühlviertel (im Osten) quert den Mittellandweg Nr. 150 die Eisenbahnlinie Linz-Hauptbahnhof – Pregarten – Freistadt – Summerau – Grenze CSSR bei der Haltestelle Selker.
Sie werden auf Ihrer Wanderung zahlreichen *Jagdeinrichtungen* begegnen, Hochständen, Futterstellen für das Wild usw. Bitte betreten Sie diese Stellen nicht – sie sind nicht für uns Wanderer da. Die österreichische Jägerschaft wird Sie als vorbildlichen Wanderer loben und die Tiere unserer Wälder werden Ihnen dankbar sein!
Unsere folgende *Wegbeschreibung* geht normalerweise von West nach Ost. Die zwangsweise sehr häufig angewendeten Richtungsbezeichnungen „links", „rechts" oder „geradeaus" sind daher so zu verstehen, wie sie der Wanderer sehen muß, wenn er von Oberkappel in Richtung Waldhausen geht. Für Wanderer, die aus der entgegengesetzten Richtung kommen, haben wir am Ende des Wanderbuches eine Kurzbeschreibung in Stichworten verfaßt. Es darf noch darauf hingewiesen werden, daß wir auch auf die sogenannten „Schnellgeher" Rücksicht genommen haben. Alles, was direkt mit dem Wegverlauf zu tun hat, wurde normal gedruckt. In *Kursivschrift* finden Sie alles, was auf die zahlreichen Neben- oder Rundwanderwege hinweist, wie auch die Beschreibungen von Orten, Burgen und Kulturstätten entlang unseres Weges.

1. Vom Grenzlandweg zur Großen Mühl

Die erste Wegetappe: Oberkappel – Pürnstein

Oberkappel, 550 m

An einer alten Verkehrs- und Handelsstraße, unmittelbar an der bayerischen Grenze, liegt am Zusammenfluß der Ranna und des Osterbaches inmitten des wald- und wasserreichen Gebietes des Obermühlviertler Bezirkes Rohrbach die Gemeinde Oberkappel.
Erstmals 1210 als „Kapelle" bezeichnet, nahm der kleine, ursprünglich von Holzfällern, Leinenwebern, Färbern und Kleinbauern besiedelte Ort als „Filiale von Wegscheid in Bayern" (so 1256 beurkundet) bald Marktcharakter an (1259: „Forum in Chapell prope Raenna"). Um 1300 fällt Oberkappel dem Besitztum der Falkensteiner zu und kommt unter die passauisch bischöfliche Landesgerichtsbarkeit mit Sitz in Velden (heute Neufelden). Ein Brand in den bischöflichen Archiven in Passau vernichtet zahlreiche Urkunden, so daß bis in das 18. Jahrhundert hinein nur vereinzelte authentische Unterlagen über die Geschichte des planmäßigen Kirchortes mit Gassendorfstruktur auffindbar sind. Seit 1780 besitzt Oberkappel eine eigene Pfarre, um deren Gründung sich der damalige Schulmeister Karl Richard besondere Verdienste erwarb. Die dem hl. Ägidius geweihte Pfarrkirche war ursprünglich gotisch. Vom ehemaligen Bau ist noch der zweijöchige Chor mit dem herrlichen Netzrippengewölbe als jetzige Beichtkapelle erhalten. Sehenswert sind der alte holzgeschnitzte Flügelaltar eines unbekannten Meisters, vier barocke Leuchter und ein Kruzifix um 1700. In den Jahren

1954 bis 1955 wurde die Kirche erweitert, wobei der Neubau im rechten Winkel über dem alten Langhaus errichtet wurde. Der neue Turm erhielt einen Spitzhelm. Der bekannte, aus Oberkappel stammende Maler Johann Hazod schuf im neuen Teil das sehr interessante Altarbild, das die Mühlviertler Landschaft in ihrer einzigartigen herben Schönheit und den aus ihr hervorgegangenen Menschenschlag darstellt.

Wie durch ein Wunder sind noch zahlreiche Originalfassaden an Bürgerhäusern des oberen Ortsteiles als Zeugen angemessenen Wohlstandes erhalten geblieben. Denn nicht nur 1882 wütete eine furchtbare Brandkatastrophe in Oberkappel, sondern auch die Wirren des zweiten Weltkrieges gingen nicht spurlos am Ort vorüber. Die im Frühjahr 1945 von Westen her vordringenden amerikanischen Einheiten stießen bei Oberkappel noch auf hartnäckigen Widerstand deutscher Truppenreste, worauf sie sich wieder zurückzogen und den Ort unter schweren Beschuß nahmen. Dabei wurde nahezu der halbe Ort zerstört. Erst Ende April 1945 rückten die Amerikaner als Sieger ein, um aber sehr bald das ganze Gebiet den sowjetrussischen Truppen zu überlassen. Oberkappel hat in der darauffolgenden zehnjährigen Besatzungszeit sehr viel seinem damaligen Bürgermeister Robert Fischer und dem Gemeindesekretär Zinöcker zu verdanken, die es trotz der erschwerenden Umstände zuwege brachten, Wiederaufbau und sogar eine bemerkenswerte Weiterentwicklung des Ortes in Szene zu setzen (Ortswasserleitung, Kanal- und Straßenbau, Neubau der Kirche und Errichtung des Bades). Das heutige Oberkappel stellt mit seiner lieblichen und abwechslungsreichen Umgebung in günstiger mittlerer Höhenlage ein echtes und noch wenig berührtes Erholungsparadies dar. Dem Touristen oder Urlauber wird einfach alles geboten, was er sich wünscht: im Sommer Tennis, Reiten, Angeln oder Schwimmen (auch im geheizten Schwimmbad), im Winter Skilaufen (Skilift bis 940 m Seehöhe), Skiwandern, Rodeln oder Eisstockschießen. Leistungsfähige und moderne Restaurants und Gaststätten bürgen für eine vollendete Gastronomie. Aber auch dem Wanderer ist ein Aufenthalt in Oberkappel zu empfehlen. Nicht nur daß der Ort am Beginn des Mittellandweges Nr. 150 liegt und vom Falkensteinerweg Nr. 110 (von der Donau bis zum Nordwaldkamm) durchquert wird, bieten sich hier herrliche und gut markierte kleinere und mittlere Rundwanderwege an (Rannastausee, Ameisbergwarte u. v. a.), die ein Verweilen höchst lohnenswert machen.

Der Wegverlauf

Bei der ersten Kontrollstelle im Gasthof Fischer, 4144 Oberkappel 81 (Tel. 0 72 84 / 216), haben wir uns den ersten Kontrollstempel geholt und wandern die Ortsstraße hinauf, rechts an der Kirche vorbei, immer an der Haupt-

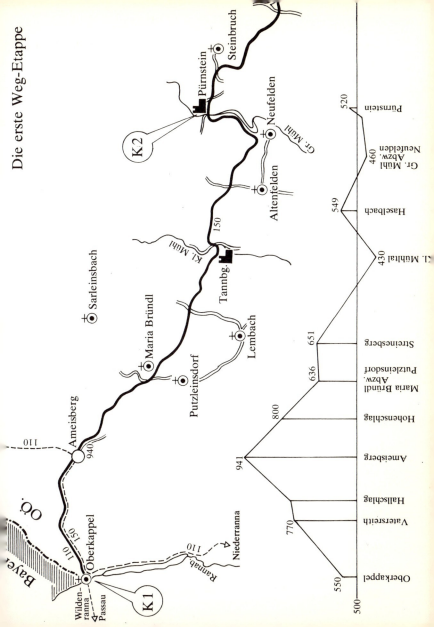

Die erste Weg-Etappe

straße entlang. Links weist ein Schild darauf hin, daß wir gemeinsam mit dem Weg Nr. 110, dem Falkensteinerweg, in Richtung Ameisberg unterwegs sind. Nach etwa 500 m sehen wir linker Hand den Grenzübergang von und nach Bayern. Freundliche Zollwachebeamte winken uns zu, während wir auf der asphaltierten Ortsstraße in Richtung Kollerschlag den Ort verlassen.

Unmittelbar nach der Ortstafel biegen wir nach links ab, kommen an einigen Neubauten vorbei und erreichen, eine große Straßenkurve abschneidend, wieder die Asphaltstraße weiter oben. Links sieht man ein Stück ins Bayerische hinein – Richtung Wildenranna. Vor dem ersten Bauernhof, der links liegen bleibt, überqueren wir die Straße und stapfen einen etwas steilen Feldweg hinauf zum Waldrand. Bei der kleinen Hubertuskapelle lädt eine Bank zum Verweilen ein. Wir steigen aber weiter aufwärts, zunächst nach rechts am Waldrand entlang, dann in einem Linksbogen, in den Wald hinein. Bei der Weggabelung am Waldrand halten wir uns rechts und tun dies auch bei der nächsten dreifachen Gabelung. Der romantische Waldsteig führt uns rechts steil aufwärts und dann auf einem von rechts kommenden, etwas breiteren Weg geradeaus weiter über einen Kahlschlag zu einem Wegkreuz mit Marterwerkzeugen.

Die wohltuende Frische der würzigen Waldluft läßt uns die Anstrengung des langen, steilen Aufstieges vergessen, bis wir, zeitweilig auch einer verblassenden alten blauen Markierung entlang gehend, einen schönen Rastplatz am Waldrand unterhalb der beiden Anhöhen Kote 775 links und 766 rechts erreichen. Das erste Haus hier oben gehört bereits zur kleinen Ortschaft *Vatersreith*. Zugleich nimmt uns jetzt ein asphaltierter Güterweg auf, der zwar angenehm eben, dafür

Die Mittellandwegwanderung ist nicht beschwerlich –
der Weg ist für jung und alt geschaffen.

aber recht sonnig ist. Ziemlich lange (etwa 1 km) bleiben wir geradeaus auf dem Güterweg, vorbei an einem Bauernhof mit einer Kapelle und an mehreren Hauszufahrten, immer den Ameisberg vor uns, bis sich die Straße schließlich langsam zum eigentlichen Weiler Vatersreith senkt.

Beim ersten Haus geht es noch immer geradeaus weiter und hinter dem Hof und an der Rückseite der Vatersreither Häuser entlang wieder zum Güterweg zurück. Hier aber nicht nach rechts auf den Ast zur Straße Oberkappel – Putzleinsdorf zu, sondern nach links, wieder leicht ansteigend, an einer Kapelle vorüber und vorbei auch an einem weiteren, nach rechts abzweigenden Güterweg zur Putzleinsdorfer Straße. Immer geradeaus weitergehend, kommen wir linker Hand an einer Grube vorüber. Wer jedoch das auf der Karte noch eingezeichnete Wirtshaus hier sucht, muß enttäuscht werden. Nicht einmal Mauerreste oder Steine sind vorhanden, nur ein großes Loch im Erdboden deutet auf das frühere Vorhandensein des gastlichen Hauses hin. Sollte jemand knapp am Verdursten sein, so müßte er einen kleinen Abstecher nach Amesedt an der Putzleinsdorfer Straße machen (etwa 1 ½ km), wo ein Gasthof all das bieten kann, was sich ein Wanderer so wünscht.

Immer noch auf unserem Güterweg, kommen wir durch eine kleine Mulde, und während wir wieder aufwärts der nächsten Häusergruppe zustreben, fällt unser Blick nochmals über die Grenze nach Bayern, diesmal in Richtung Wegscheid.

Beim ersten Haus, das ist *Hallschlag* Nr. 4, verlassen wir nach rechts den Güterweg, und der Anstieg auf den Ameisberg beginnt. Bei einem Marterl zweigen wir vom Feldweg nicht nach links ab, sondern wandern geradeaus, zunächst ansteigend, später fast eben, weiter. Der Feldweg geht in einen Wiesenweg über, der sich, zuerst leicht nach rechts, dann mit einem starken Linksbogen, auf einen Wald zuschlängelt, an dessen Rand wir schon von weitem einen Hochstand erblicken. Leicht nach rechts geht es in den Wald hinein. Bei einer dreifachen Weggabelung gleich hinter dem Waldrand bleiben wir unbedingt am äußersten rechten Weg. Es ist ein schöner Waldsteig, der anfangs steiler, dann aber flacher zur Straße von Putzleinsdorf auf den Ameisberg führt. Wir erreichen diese an einem großen Parkplatz. Der ab hier für den Verkehr gesperrten Straße folgen wir nun nach links aufwärts und gelangen so bald auf den 941 m hohen *Gipfel des Ameisberges*.

Aus dem dunklen Grün des Hochwaldes reckt sich, an die Stirnseite eines einstöckigen Steinhauses geschmiegt, das eigenwillige Gebilde des Aussichtsturmes in den Himmel. Das 1903 über Betreiben des oberösterreichischen Mundartdichters Dechant Norbert Hanrieder (geboren 1842 in Kollerschlag, beerdigt 1913 in Putzleinsdorf) errichtete Bauwerk, sechzig Jahre später in der heute sich bietenden Form renoviert, gleicht einem romantischen Bergturm, an den ein runder Zwillingsturm mit Spitzdach angeheftet wurde. Der eindrucksvolle Rundblick von der Warte ist überwältigend: Von den ernsten Farben des Böhmerwaldes im Norden bis über den schillernden Spiegel des Rannastausees, das Donautal und dahinter die runden Buckeln des Sauwaldes im Süden, von den ununterbrochen wechselnden sanften Hügeln und lieblichen Tälern des oberen Mühlviertels im Osten bis dorthin, wo sich das Auge in der bläulichen Ferne des Bayerischen Waldes im Westen verliert, reicht der Blick – ein schönes, weites Land; ein Land, das zum Kennenlernen durchwandert werden will!

In den Sommermonaten sind in der Warte auch Erfrischungen erhältlich. Hier ist auch der Schlüssel zum Aussichtsturm zu bekommen. Leider ist die Warte den ganzen langen Winter über geschlossen, denn die Autostraße von Putzleinsdorf auf den Ameisberg ist meist bis in den Mai hinein so verschneit, daß sie nicht befahrbar ist.

Hinter der Warte schockt ein nackter Felsstock – die sagenumwobene Teufelskanzel. Unweit davon bietet sich unter einer riesigen Buche ein schattiger Rastplatz an. Eine kurze Rast kann sicher nicht schaden, zumal wir immerhin schon gute 1½ Stunden von Oberkappel bis hierher unterwegs sind! Wo der Weg wieder abwärts geht, steht eine moderne Kapelle mit dem Bildnis des hl. Aloisius.

Daß der Ameisberg ein begehrtes Ausflugsziel ist, beweist eigentlich schon die Unmenge der hier vorhandenen verschiedensten Markierungen. Man muß schon etwas aufpassen, um jetzt am Mittellandweg Nr. 150 zu bleiben.

Der Falkensteinerweg Nr. 110, mit welchem wir gemeinsam bis hier herauf gekommen sind, verläßt uns jetzt und führt weiter nach Norden über Peilstein – Aigen – zum Panyhaus am Nordwaldkammweg.

Nach Peilstein weist auch eine grüne Markierung.

Nach Sarleinsbach – Rohrbach lädt der „Hanriederweg" ein (Markierung: rotes Dreieck mit der Nr. 1).

Es sind dies alles schöne und erholsame Wanderwege und es lohnt sich wirklich, sie später einmal zu begehen!

Nach Putzleinsdorf, das unweit unseres Mittellandweges liegt, begleitet uns auch eine rote Dreieckmarkierung mit der Nr. 2.

An der vorgenannten Aloisius-Kapelle rechts vorbei, geht es nun durch schönen, gesunden Hochwald in einem Rechtsbogen flott bergab. Zeitweilig gesellt sich auch eine blau-weiße Wegmarkierung zu uns. Nachdem wir links am Wasserschutzgebiet vorbeigekommen sind, verlassen wir bei einem „Brunnenschloß" (Quellfassungshaus) den Weg und treffen auf die Zufahrtsstraße Putzleinsdorf – Ameis-

Immer wieder zieht die Ameisbergwarte zahlreiche Wanderer an; auch schon im zarten Frühling, nach der Schneeschmelze.

berg, der wir nach links abwärts folgen, bis sie in die von links kommende asphaltierte Straße nach Putzleinsdorf einmündet. Nach rechts hin ist der Blick frei und fällt auf die Silhouette des von sanften Hügeln umschlossenen Marktes *Putzleinsdorf.*

Man sollte nicht achtlos an Putzleinsdorf vorübergehen, denn dieser bescheidene und nicht aufdringliche Ort beherbergt eine Fülle kulturhistorischer Kleinode. Bereits 1236 als Forum urkundlich genannt (eine im oberen Mühlviertel gebräuchliche Bezeichnung – Eigen – für die Vorstufe des Marktcharakters), wurde Putzleinsdorf 1579 zum Markt erhoben. Es ist ein planmäßiger Kirchenort, der es bis auf den heutigen Tag verstand, weitestgehend die alten Fassaden seiner Häuser zu erhalten. Die Stuckverzierungen aus der ersten Hälfte des 18. Jahrhunderts zieren die Hauswände bis hinauf in die Dreieck- oder nach Passauer Art geschwungenen Giebel. Vor vielen Häusern fallen die gut erhaltenen steinernen Bänke und Tische auf. Hier wurde einst den Hauswebern der Lohn von den Handelsherren ausbezahlt. Kennzeichnend sind auch die zahlreichen Neugierguckerl, auch "Spione" genannt. An der höchsten Stelle des großräumigen Straßenplatzes erhebt sich die 1706 bis 1708 fast zur Gänze neuerbaute Pfarrkirche, ein einschiffiges Langhaus mit stichkappentonnengewölbtem, gerade geschlossenem Chor. Nur der Turm weist noch Spuren gotischer Bauweise auf. Das von den imposanten Statuen des hl. Joseph und Joachim (etwa um 1708) flankierte Altarbild stammt von dem weit über die Grenzen Österreichs bekannten Sarleinsbacher Meister Johann Philipp Ruckerbauer (Barock). Die Kanzel stammt aus dem Anfang des 18. Jahrhunderts.

Als Sehenswürdigkeit besonderer Art muß auf den aus dem Jahre 1580 stammenden Pranger hingewiesen werden. Die vierkantige Säule mit Kugelkrone ruht auf einem würfelförmigen Sockel, der auf drei runden Stufen steht.

Daß dieser etwas abgelegene kleine Ort aber auch in die deutschsprachige Literaturgeschichte eingegangen ist, muß als Verdienst des hier wirkenden Mundartdichters und Dechanten Norbert Hanrieder gewertet werden. Er schrieb auch hochdeutsche Dichtung, doch zum echten Gestalter wurde er – wie ebenfalls auch Stelzhamer – erst, als er in der Mundart seiner Heimat zu schreiben begann. Zu seinen bekanntesten Werken zählen das Epos vom Oberösterreichischen Bauernkrieg und die „Mühlviertler Mahrln". Seit 1913 ruht er auf dem neuen Friedhof des Ortes.

Wenn wir aber weiter auf unserem Mittellandweg Nr. 150 bleiben wollen, dann müssen wir bei der Einmündung der vom Ameisberg herabführenden Schotterstraße in die Asphaltstraße nach Putzleinsdorf letztere überqueren und dann auf der Böschung nach rechts, parallel zur Autostraße, auf einem alten Weg weiterwandern. Nach etwa 500 m mündet der Weg unweit der Ortstafel *Hohenschlag* wieder in die Asphaltstraße ein, der wir durch den Ort folgen und bei der nächsten Ortstafel, also nach dem letzten Haus, nach links auf einen ziemlich ebenen Feldweg abbiegen, der uns über dem nach Putzleinsdorf führenden Tal auf einem recht abwechslungsreichen Wegstück zu einem Waldstreifen bringt. Am Waldrand rechts entlang erreichen wir, etwas ansteigend, im Rechtsbogen eine Waldkuppe mit einem großen Hochstand. Von hier aus genießen wir einen wundervollen Ausblick bis über den Hansberg hinaus. Dann geht es wieder bergab, über einen breiten, kreuzenden Feldweg geradeaus weiter, einen Waldrain entlang, wieder leicht bergauf in ein Waldstück. Von dem verträumten Bankerl am Ende des Waldes sehen wir ganz nahe rechts unter uns den Markt Putzleinsdorf. Knapp dahinter schweift in der anderen Richtung das Auge über Sarleinsbach und Rohrbach bis hinüber zum Horizont, von dem sich im gleißenden

Licht der Mittagssonne majestätisch der Bärenstein am Nordwaldkammweg abhebt.
Während sich nun der Weg eigentlich nach links abwärts wendet, führt uns der Mittellandweg Nr. 150 nach rechts weiter. Wieder treffen wir auf eine rote und eine blaue Markierung, die uns zeitweilig begleitet. Von einer Wiese zwischen zwei Waldstücken erblicken wir rechts vor uns Lembach. Am gegenüberliegenden Wald gehen wir an dessen Rand nach links weiter bergab und über eine Wiese in Richtung auf einige Bauernhäuser zu. Sie gehören zu *Wögersdorf* (Gemeinde Atzesberg). Zwischen den Häusern durch und dann nach rechts an einer Wegkapelle vorüber, gelangen wir zu einem Zufahrtsweg, der schließlich in die von rechts herankommende Straße Ameisberg – Putzleinsdorf mündet. Vom Zufahrtsweg aus sehen wir rechts am Horizont die Kirche von Pfarrkirchen i. M.
Nach rund 50 m nach links treffen wir bei der Postautobus-Haltestelle auf eine Asphaltstraße. Ein Wegweiser sagt uns, daß dies die Straße Putzleinsdorf – Sarleinsbach ist, auf der wir nun nach rechts, also in Richtung Putzleinsdorf, einbiegen. Nach etwa 200 m aber zweigen wir schon nach links auf den asphaltierten Güterweg Wulln ab.

An dieser Stelle, es ist dies knapp nach dem Kilometerstein 11, müßte man sich entscheiden, ob man seine Mittagsrast in einem Gasthof oder auf einem schattigen Platz im Freien halten möchte. Ist in Ermangelung von Marschproviant ein Gasthaus vorzuziehen, so sollte man den Abstecher entlang der Dreieckmarkierung Nr. 2 in den nur etwa 1 km entfernten Ort Putzleinsdorf wagen, zumal man später bis zum Etappenziel nicht mehr so nahe an einen Gasthof herankommen wird!

Der Güterweg Wulln führt uns an einem links liegenden Waldstück vorüber und gleich nach einer Güterwegabzweigung leicht nach rechts. Gleich danach zweigt der Wanderweg fast in einem rechten Winkel nach rechts vom Güterweg ab und leitet uns über ein Feld hinauf zum Wald. Auf einer Bank am Waldrand können wir verschnaufen. Zurückblickend, winkt uns noch einmal der Ameisberg mit seiner Warte zu. Dann geht es geradeaus in den Wald hinein, und schon nach wenigen Schritten bergab halten wir vor der Wallfahrtskapelle *Maria Bründl* (636 m).

Die Filialkirche Maria Bründl wurde 1676 gegründet. Das heutige Aussehen erhielt sie nach den Umbauten der Jahre 1712 bis 1716. Bemerkenswert ist an dem etwas einfacheren Bau in seiner malerischen Lage im Wald sein geschwungener Westgiebel mit Dachreiter. Über dem aus der Gründerzeit stammenden Altar befindet sich das von Johann Philipp Ruckerbauer geschaffene Gnadenbild in einem sehenswerten, reichen Rokoko-Rahmen. Unter anderen guten Figuren sticht an der linken Wand des zweijöchigen, stichkappentonnengewölbten rechteckigen Raumes die ausgezeichnete Statue der Immaculata (etwa um 1770) ins Auge.

Wir haben jetzt fast die Hälfte unserer ersten Wegetappe hinter uns und sind vom Ameisberg bis hierher wieder 1½ Stunden gewandert. Nachdem die Wiesen rund um die Kapelle leider nicht gerade einladend erscheinen (hier sollten Naturschützer mehr Mitspracherecht haben!), wäre eine Mittagsrast eher am vorgeschilderten Waldrand (Bank) zu empfehlen.

Dort, wo man oberhalb der Kirche aus dem Wald heraustritt, führt unser Weg gemeinsam mit einer Dreieckmarkierung Nr. 3 nach links wieder in einen Jungwald hinein. Richtig wohltuend wirkt der Schatten des dichten Waldes.

Nach einem Rechtsbogen geht es bei einer Wegkreuzung geradeaus zum Waldrand und weiter über einen Feldweg zum nächsten Haus. Während uns hier die Dreieckmarkierung Nr. 3 nach links hin verläßt, wandern wir hinter dem Haus gerade weiter zum nächsten Waldrand. Ganz nahe liegt rechter Hand Putzleinsdorf und darüber Pfarrkirchen, links rückwärts sieht man Rohrbach.

Gemeinsam mir einer alten blau-weißen Markierung durchqueren wir das Waldstück auf einem etwas verwachsenen Waldpfad, wobei sich die hier wuchernden Brennnesseln höchst unangenehm bemerkbar machen. Dafür entschädigt uns der herrliche Fernblick nach Norden beim Verlassen dieses Waldstreifens. Ein asphaltierter Güterweg nimmt uns auf und führt uns links hinunter durch die Ortschaft *Streinesberg* (615 m, Gemeinde Hörbich), beim vorletzten Haus nach rechts bis zu einer Weggabelung. Hier verlassen wir den Güterweg nach rechts, wandern über einen Feldweg, halten uns bei der nächsten Weggabelung mit Wegkreuz links und gelangen zwischen Feldern hindurch zur Ortschaft *Außerhötzendorf* (Gemeinde Hörbich).

Vom vorgenannten Feldweg aus konnten wir rechts das etwa 2 $^1/_2$ km entfernt liegende Lembach gut sehen, auf der Hügelkette darüber den Kirchturm von Niederkappel und vor uns am Gegenhang Altenfelden.

Am Ortsende von Außerhötzendorf gehen wir einige Meter auf dem Güterweg nach links in Richtung Hörbich, zweigen dann nach rechts auf einen Feldweg ab und schreiten an Feldern entlang auf einen von weitem bereits sichtbaren gelben Bauernhof (Hub) zu. Vor diesem geht es dann nach links abwärts über eine Wiese zum Waldrand.

Man muß hier genau auf die Markierung (Pflöcke) achten, weil der Zugang in den Wald kaum noch erkenntlich ist. Links drüben liegt die Bauerngemeinde Hörbich. Auf einem stark überwucherten Pfad geht es durch den Wald leicht abwärts, dann auf einem fast echten „Buschpfad" über einen Kahlschlag zu einem Waldrand und an diesem entlang bis zu einem Hochstand. Jetzt wenden wir uns nach rechts vom Wald weg einer Wiese zu, um nach etwa 50 m wieder nach links fast in die vorherige Richtung einzuschwenken. Links von uns liegt nun Arnreit. Der leicht ansteigende Wiesenweg mündet bald in einen Feldweg, der von einem rechts weiter oben gelegenen Bauernhof herunterkommt. Wir folgen dem Feldweg nach links bis zu einem Pflock mit Hausbriefkästen. Inmitten von Heckenrosen steht hier auch ein Marterl, bei dem wir in rechtem Winkel abbiegen und geradewegs auf den nächsten großen Hof zuschreiten. Es ist der Tannberghof, ehemaliger Meierhof des Schlosses Tannberg, mit schönem, geschwungenem Barockgiebel an einem Wirtschaftsgebäude und derben, bäuerlichen Arkaden im Hof. Bedauerlicherweise ist der imposante Gutshof längst äußerst renovierungsbedürftig geworden. An einer großen alten Linde vorbei umgehen wir das Gehöft und gehen auf dem asphaltierten Güterweg nach rechts abwärts, zweigen beim ersten Haus auf der rechten Straßenseite nach links ab, erreichen ein bereits von weitem gut erkennbares Wohnhaus und gelangen, einem Wiesenweg und einem Waldrain immer steiler bergab folgend, wieder auf den zuletzt erwähnten Güterweg zurück. Wir haben einen großen Bogen dieser Straße abgeschnitten und stehen jetzt vor den Häusern von *Tannberg* und der gleich dahinterliegenden gleichnamigen Burgruine. (Gehzeit ab Maria Bründl ca. 1 Stunde.)

Hoch auf dem Felsvorsprung am rechten Ufer der Kleinen Mühl stand hier einst die 1188 vermutlich vom Passauer Ministerialen Walter von Tannberg erbaute Burg. Manch schaurige Sagen berichten von dem im 13. Jahrhundert zu Tannberg wütenden, besonders streitsüchtigen Konrad von Tannberg. Daß er viel Ärger und Schaden verursacht haben muß, beweist die Tatsache, daß er von seinem Lehensherrn, dem Bischof von Passau, und zugleich von den Herzögen von Bayern und Österreich 1281 angehalten wurde, unverzüglich alle böswillig angerichteten Schäden wieder gutzumachen, da er ansonsten seiner Ehre verlustig werde.

1289 wurde um Burg Tannberg erbittert gekämpft, als Herzog Albrecht I. von Österreich gegen Herzog Heinrich von Bayern zu Felde zog. Der Österreicher eroberte schließlich die Festung.

Der letzte Tannberger, Kunrad, starb 1356 und das Anwesen fiel testamentarisch an das Bistum Passau, das Tannberg fortan durch Pfleger verwalten ließ, soferne die Burg nicht aus Gründen akuten Geldmangels gerade verpfändet werden mußte. Die letzten Pfleger waren die Herleinsperger. Nach Zusammenlegung der östlichen passauischen Besitztümer zu einer Oberpflegschaft in Marsbach wurde die Burg, die keinerlei strategische Bedeutung mehr besaß, aufgelassen und verfiel. Die Hochburg wurde später sogar bis auf die Ringmauer abgetragen. Nur die ehemaligen Wirtschaftsräume, ein Teil des Pflegerstöckels und Reste des unteren Tores, das in ein Bauernhaus verbaut wurde, sind heute noch erhalten. Die Ruine wird derzeit unter Verwendung der erhaltenen Bauteile zu einem Zweitwohnhaus umgebaut.

Wir gehen links auf dem Güterweg in einer großen Kehre, die allerdings rechts auch abgekürzt werden kann, hinunter ins Tal der *Kleinen Mühl* und über die Brücke weiter zur Straße Hühnergeschrei – Sprinzenstein – Rohrbach. Das seinerzeit hier befindliche Gasthaus gibt es nicht mehr. Erfrischung kann allenfalls ein angenehmer Badeplatz an einem Wehr zu dem etwas flußabwärts gelegenen großen Sägewerk bringen.

Der Weg führt uns nun flußaufwärts etwa 250 m auf der Straße in Richtung Rohrbach, dann scharf rechts (rückläufig) einen Wiesenweg hinauf und in einem Linksbogen in das Getzenbachtal. Am rechten Bachufer geht es über dem Tal durch ein Waldstück weiter hinauf auf die Hochfläche zwi-

Typisches Mühlviertler Bauernhaus – nüchtern und herb wie die Landschaft, aus der es kommt.

schen der Kleinen und der Großen Mühl. Wir kommen am Haus *Doppl* Nr. 7 vorbei und biegen unweit dahinter dort, wo der Bach von rechts heruntersprudelt, ebenfalls nach rechts in einen dichten, schattigen Jungwald ein. Eine Weile wandern wir am Bach entlang und halten uns dann in einem Linksbogen über eine Wiese, wieder leicht ansteigend, auf eine Häusergruppe zu. Knapp unterhalb dieser Häuser – sie gehören zur Ortschaft *Haselbach* – schwenken wir im rechten Winkel rechts ab und gelangen auf die stark befahrene Straße Altenfelden – Sarleinsbach. Ganz nahe rechts liegt *Altenfelden*. Auf dieser Straße müssen wir rund 500 m nach rechts in Richtung Altenfelden gehen, bis zur Einmündung in die Bundesstraße 127 nach Rohrbach. Linker Hand vor uns erblicken wir bereits die Kirche von Steinbruch, dahinter St. Peter und weiter rechts den Hansberg. Den Wegweisern auf der Verkehrsinsel bei der Straßeneinmündung entnehmen wir, daß es bis Altenfelden nur noch 2 km nach rechts wären, und wir beschließen, später bestimmt hierher zurückzukehren, denn Altenfelden und der unweit davon angelegte einmalige Wildpark müssen unbedingt besucht werden. Jetzt aber überqueren wir die Bundesstraße schräg nach links und kommen auf einem Fahrweg zwischen zwei straßennahen Gehöften hindurch, biegen dahinter nach links ab und gelangen in einem Rechtsbogen wieder in ein Waldstück. Bei der Weggabelung gleich am Waldrand halten wir uns rechts. Es geht zu einem kleinen Bach leicht bergab, über diesen hinweg und wieder etwas aufwärts, dann ziemlich eben zu einem von rechts her kommenden Forstweg. An einem Kahlschlag stehen ein Hochstand und eine Jagdhütte. Etwas oberhalb erblicken wir ein markantes Wegkreuz, die sogenannte *„Waldandacht"*.

Auf einem Karrenweg geht es durch den Wald abwärts zu einer Mühle an einem Bach, dann das Bachtal des Teufenbachs auswärts und auf einem Fahrweg weiter bis zur Straße nach Pürnstein, die wir in einer Kehre erreichen. Von hier aus sind es noch knapp 500 m aufwärts nach *Neufelden*, und wer langsam ans Übernachten denkt und sich nicht beim Etappenziel, dem Burggasthof Scharinger in Pürnstein, vorangemeldet hat, dem kann nur empfohlen werden, den Abstecher nach Neufelden zu machen. (Gehzeit ab Tannberg ca. 1 bis 1$^{1}/_{4}$ Stunden.)

Gasthof – Pension –
Fleischhauerei
Hallenbad und Sauna

Sammer

Hinter der Fassade des renommierten Bürgerhauses verbirgt sich ein modernst eingerichteter Familienbetrieb mit eigenem Hallenbad und Sauna. 50 Betten mit Bad oder Dusche, WC; sowie gemütliche Räumlichkeiten. Unsere bekannt gute Küche (eigene Fleischhauerei) und gepflegte Getränke werden für Ihr leibliches Wohl sorgen.

**A-4120 Neufelden 15,
Tel. 0 72 82/223**

Der 1217 bereits urkundlich als ,,Velden" genannte Markt (seit 1359 New-Felden) liegt 517 m hoch, von Wäldern umgeben, an einem Steilabfall über dem Mühltal. Sicherlich ist hier der Mühlübergang schon sehr früh entdeckt worden, weil ein alter Handelsweg von der Donau nach Norden durch das heutige Neufelden durchführte (,,Via regia"). Schon im frühen Mittelalter erhielt der Ort dank seines Handels mit Salz und Leinen bedeutendes Ansehen. Die damaligen Handelspartner waren Ungarn, Italien und der Vordere Orient. Im

19. Jahrhundert begann man hier mit einer Seidenraupenzucht und die Indigo-Pflanze wurde gezogen. Ebenso widmete man sich dem Hopfenbau. Bereits 1861 wurde Hopfen nach England exportiert. Zeugen des Wohlstandes der Bevölkerung sind heute noch die herrlichen Fassaden der Bürgerhäuser mit ihren Erkern und den verschiedensten Dachformen, die Spuren aller Epochen von der Gotik bis zum Barock aufweisen. Immer wieder war es der zähe Wille der Neufeldner, der den schönen Ort nach furchtbaren Bränden (1626 während der Einquartierung der Pappenheimschen Reiter sowie 1931 und 1937) wieder aufzubauen vermochte. Die Pfarrkirche steht nicht in der Mitte des Marktes, sondern am Steilhang über dem Mühltal.

Sehenswert ist im Norden des Ortes (der Mittellandweg führt uns später dorthin) der von dichtem Wald umgebene tiefdunkle Stausee, der 1924 aus einer Schlinge der Mühl errichtet wurde. Von ihm geht eine Druckrohrleitung nach Partenstein hinunter, wo sich jenes Elektrizitätswerk befindet, das seinerzeit das größte Österreichs war und die erste 110.000-Volt-Innenraumschaltanlage besitzt. Am Grund des Stausees, der eine ausgezeichnete Badegelegenheit bietet, liegen die Reste des Schlosses und des alten Ortes Langhalsen.

Wenn wir unser Etappenziel, Burgruine Pürnstein, heute noch erreichen wollen, so gehen wir jetzt auf der Straße nicht nach Neufelden, sondern in die entgegengesetzte Richtung abwärts, dann, eine Straßenkehre abschneidend, links ab wieder zur Straße weiter unten zurück und auf ihr, gemeinsam mit einer gelb-blauen und einer weiß-roten Markierung, nach links mühlaufwärts. Nun geht es entlang des Stausees und vorbei an den neuen Häusern der Ortschaft *Langhalsen* (Gemeinde Altenfelden) bis zu einer Straßengabelung und hier nach rechts, wieder am Ufer des Stausees entlang. Ein Wegweiser zeigt uns, daß Pürnstein nur noch 2 km auf der Straße entfernt liegt. An den Häusern der Ortschaft *Unterfeuchtenbach* vorüber, durchwandern wir dann am gegenüberliegenden Ufer ein äußerst romantisches Talstück, das trotz der Geleise der Mühlkreisbahn und der Autostraße nichts von seiner Ursprünglichkeit eingebüßt hat.

Etwa 1½ km nach der vorgenannten Straßengabelung führt linker Hand ein Kreuzweg zu der nur 2 Minuten von der Straße entfernt gelegenen, sehenswerten Wallfahrtskirche *Maria Pötsch,* die an einem kleinen Bach mitten im Wald steht.

An der Stelle, wo heute die 1875 erbaute kleine Wallfahrtskirche Maria Pötsch mit ihrem Dreiecksgiebel aus dem satten Grün des Waldes hervorlugt, soll eine heilbringende Quelle entsprungen sein. Das nach dem Original im Wiener Stephansdom auf gelber Seide gemalte Gnadenbild wurde 1798 zunächst an einer Fichte befestigt. Erst 1848 entstand hier eine bescheidene Holzkapelle als Vorgängerin des derzeitigen Baues.

Gemeinsam mit der blau-gelben und der weiß-roten Markierung gehen wir die Straße weiter, die jetzt etwas ansteigt und einen eindrucksvollen Tiefblick auf den Mühlfluß freigibt.

Nach ziemlich langem Marsch auf der befahrenen Straße kommen wir zur *Haltestelle Pürnstein* der Mühlkreisbahn und sehen links den Pürnsteintunnel, rechts die Eisenbahnbrücke über die Mühl. Auf steilem Fels rechts oben grüßt uns die Burgruine Pürnstein.

Wir überqueren die Bahnlinie und die Mühl auf einer Straßenbrücke, kommen an einer Pappenfabrik vorbei und biegen etwa 60 m nach der Brücke auf einen steilen, teilweise mit Stufen versehenen Gehweg ein, der uns in mehreren Serpentinen zur Burgruine und neuerlich zur Asphaltstraße hinausführt. Unmittelbar vor dem alten Burgtor wartet be-

reits der *Burggasthof Scharinger,* unsere Kontrollstelle, auf uns.
Vielleicht etwas müde und durstig, aber reich an gesammelten Eindrücken stolpern wir – zufrieden mit uns und der Welt – in die wohltuende Kühle des Gasthauses. (Gehzeit nach der Abzweigung Neufelden bis hierher ca. 3/4 Stunden.)

Burg Pürnstein

Auch den unromantischesten Wanderer umfängt bereits beim Durchschreiten des ersten Burgtores, wenige Schritte hinter unserer Kontrollstelle (Burggasthof Scharinger), ein Hauch von Mittelalter. Was müssen die grauen Steinmauern der Feste im Verlauf von mehr als acht Jahrhunderten gesehen und was muß sich alles in den dahinter liegenden Wohn- und Wehrräumen, Innenhöfen und Verliesen abgespielt haben? Die Steine der hohen Burg über dem linken Steilufer der Großen Mühl schweigen beharrlich, obwohl sie Zeugen einer besonders wechselvollen und zeitweilig recht turbulenten Geschichte sind.

Die ursprünglich noch kleinere Wehranlage wird erstmals urkundlich im Jahre 1170 mit Alarm de Birchenstaine, einem Ministerialen der Blankenberger, genannt, nach deren Aussterben sie an die Rosenberger (auch Wittigonen, nach ihrer Stammburg Wittinghausen, benannt) fiel, um von den Bischöfen von Passau 1231 käuflich erworben zu werden.

Pürnstein (nach alter Schreibweise „Pyrrhnstain" oder „Pirchenstain" bezeichnet) verbleibt bis zur Säkularisation des Bistums zwar im Besitz der Passauer Bischöfe und wird zu-

Ruine Pürnstein,
trotzig über dem Steilhang zur Mühl.

nächst durch mehrere Burggrafen verwaltet, doch zwingt die ständige Geldnot die Bischöfe recht bald zur Verpfändung der Pürnsteiner Herrschaft, ein Schicksal, das die sagenumwobene Festung bis fast in die Neuzeit getreuest verfolgte. So erhielt 1338 Gundaker von Tannberg die Burg als Lehen. Nach seinem Tod fiel sie an die Starhemberger, die über 50 Jahre lang wegen dieser Erbschaft mit dem bayerischen Geschlecht der Satbogen prozessieren mußten. Dennoch oder vielleicht gerade darum, bauten die Starhemberger in dieser Zeit die Burg zu einer gewaltigen Festung aus und schufen sich so die stärkste Bastion im oberen Mühlviertel.

Um 1574 ging Burg Pürnstein an den Grafen Leonhard von Harrach, 1611 kaufte sie Karl Jörger und Kaiser Ferdinand II. verlieh sie nach der Enteignung der protestantischen Jörger im Zuge der Gegenreformation an Leonhard von Harrach. Zugleich aber forderte Bischof Leopold Wilhelm von Passau, ein Sohn des Kaisers, die Festung, die immer noch unter passauischer Lehenshoheit stand, energisch zurück, verpfändete sie aber alsbald an seinen Geheimsekretär, von dem sie Maximus Steiner von Pleinfelden wiederum auslöste.

Bis 1763 folgte eine Verpfändung der anderen.

Unter Bischof Firmian von Passau wurde Pürnstein 1774 renoviert. Nach Aufhebung des Fürstbistums Passau wurde die Burg 1803 der kaiserlichen Hofkammer unterstellt.

Freiherr Johann von Bartenstein kaufte 1828 Pürnstein und verkaufte Burg und die gesamte Liegenschaft wieder 1866 an Carl Christian Müller und Franz Louis Oschatz.

Infolge böswilliger Brandstiftung wurde am 7. September 1866 die Oberburg vernichtet. Sie wurde nicht mehr aufgebaut. Pürnstein ist seither Ruine.

Das Besitztum Pürnstein übernahm schließlich 1876 die Familie Müller, Gründer der Papierfabrik Obermühl, zur ungeteilten Hand.

Sehr viele mitteleuropäische Burgen und Schlösser haben im Lauf der Zeit oftmals ihren Besitzer gewechselt – Pürnstein aber zählt dabei zur einsamen Spitze.

Auch heute ist Burg Pürnstein noch ein imposanter Bau. Eine geführte Besichtigung ist mehr als lohnenswert.

Entsprechend der vorhandenen Bodenformationen ist die Burg terrassenförmig angelegt. Auf der höchsten Spitze steht die sechseckige, dreistöckige Hochburg (heute Ruine) mit quadratischem Innenhof und markanter Freitreppe zum ersten Obergeschoß. Vor der Oberburg ist ein Innenzwinger angelegt, welcher von einer Ringmauer umschlossen ist. Die Rundtürme an den Ecken dieser Rundmauer sind nach innen hin offen und dienten, heute noch überdacht, seinerzeit als schalenförmige Batterietürme der Seitenbestreichung.

Zwischen dem bewohnten und mit Erkern versehenen, der Mühl zu gelegenen Turm und der Riegelmauer, die um das untere Burgtor bis zum äußeren Zwinger errichtet ist, steht ein ovaler Anbau, dem oben ein Querbau aufgesetzt wurde. Die Riegelmauer, die diesen Vorbau verbindet, fällt schräg nach rechts ab. Vom oberen Absatz dieser Mauer öffnet sich ein großes Rundbogentor, welches zu dem einstigen hölzernen Wehrgang führte.

Durch das untere Burgtor gelangt man zum Außenzwinger, der am gewaltigen Batterieturm vorbei zum rückwärtigen tiefen Graben führt. Zum Steilabsturz gegen die Mühl sind nur dort Mauern errichtet, wo es die Natur des Felsmassivs zuließ. Von dem an der Zugangsseite befindlichen Vorwerk führt ein Mauerzug zu einem direkt in den Fels errichteten Bauwerk. Dieses ist viel älter als die dahinter und darüber gelegene Festung und war die alte Burg Pirchenstain.

Aus der Struktur der ganzen Anlage ist eindeutig erkennbar, daß die Burg nicht nach und nach durch Zubauten entstanden ist, sondern nach exakten Plänen in einem Zuge über der alten Burg erbaut wurde.

Zusammenfassung 1. Wegetappe:
Vom Grenzlandweg zur Großen Mühl

Weglänge:
etwa 24 km (geschätzt).

Gehzeit:
gute 6 bis 6½ Stunden.

Höhenangaben:
Oberkappel 550 m, Vatersreith 770 m, Ameisberg 941 m, Maria Bründl 636 m, Streinersberg 651 m, Kleines Mühltal bei Tannberg 430 m, Haselbach 549 m, Großes Mühltal bei Neufelden 460 m, Pürnstein 520 m.

An- und Abreise:
in Oberkappel: Autobusverkehr;
in Pürnstein: Mühlkreisbahn Aigen-Schlägl – Linz und Autobusverbindungen. (Abfahrts- und Ankunftszeiten vor der Wanderung erfragen!)

Kontrollstellen:

in Oberkappel: Gasthof Fischer, 4144 Oberkappel 81, Tel. 0 72 84/216;

in Pürnstein: Burggasthof K. Scharinger, 4120 Pürnstein 5, Tel. 0 72 82/230. Vom Frühjahr bis Herbst keine Ruhetage. (Hinsichtlich Übernachtung wäre eine telefonische Voranmeldung erforderlich!)

Wichtiger Hinweis:
Nachdem auf der gesamten Strecke der ersten Etappe (ausgenommen Abstecher nach Putzleinsdorf und Neufelden) kein Gasthof anzutreffen ist, empfiehlt es sich, ausreichend Wanderproviant und eventuell Getränke selbst mitzunehmen!

2. Land zwischen Mühl und Rodl

Die zweite Wegetappe: Pürnstein – Zwettl an der Rodl

Der Wegverlauf

Ausgeruht und guter Dinge stapfen wir vom Burggasthof Scharinger, wo wir nicht auf unseren Kontrollstempel vergessen haben, die asphaltierte Zufahrtsstraße hinauf zur Autostraße, die in einem weiten Bogen aus dem Mühltal heraufführt. Auf ihr biegen wir nach rechts ab und kommen an einer Tabak-Trafik vorbei. Wir befinden uns in der kleinen Ortschaft *Pürnstein* (Gemeinde Neufelden).

Noch einmal schweift unser Blick nach rechts über die Silhouette der Burg unter uns, die in den zarten ersten Strahlen der jungen Sonne wieder zum Leben erwacht, über das tief unten sich dahinschlängelnde Band der Mühl und weit über die Wipfel des dichten Nadelwaldes, der sich dunkel vom klaren Blau des Morgehimmels abhebt. Bei soviel Weite und Frische finden wir nicht einmal die lärmende und qualmende Pappenfabrik im Tal störend.

Nach etwa 100 m verlassen wir bei einer nicht zu übersehenden Trafostation die Straße nach links. Sicherlich wundert sich der alte hl. Nepomuk auf seinem Steinsockel schon lange nicht mehr über die Wanderer, die hier an ihm vorbei die leicht ansteigende Sandstraße hinaufziehen. Bei der ersten Abzweigung lassen wir uns nicht verleiten, nach links abzubiegen, sondern bleiben vielmehr auf dem „graden" Weg aufwärts und kommen, an einem Marterl vorbei, bald zu einem Wegkreuz mit Votivbild, Peter und Paul darstellend. Unweit davon laden zwei Sitzbänke zum Ausruhen ein. Zwar sind wir noch lange nicht müde, verweilen aber dennoch ein wenig hier oben, weil sich unserem Blick eine

lohnende, weite Aussicht über die Hochfläche öffnet. Am Kirchturm von Steinbruch, der zum Greifen nahe vor uns steht, wandert unser Auge weiter nach Süden und Südwesten, über Neufelden und Altenfelden und im Westen über Arnreit hinaus. Im Norden muß irgendwo Haslach liegen, hinter dem 677 m hohen Hollerberg.
Weitergehend, erreichen wir die Straße Neufelden – St. Peter am Wimberg und gelangen, auf dieser nach links einschwenkend, an einem Hopfenfeld und Ribiselfeldern vorbei, nach knapp 1 km zur Ortschaft *Steinbruch,* nicht ohne vorher noch einen Blick nach Nordwesten zurückgeworfen zu haben, wo sich der Himmel weit hinter Rohrbach im Morgendunst mit den ,,schönen, ernsten Linien und ruhigen, dämmerigen Farben des Böhmerwaldes" (Adalbert Stifter) zwischen dem Plöckenstein (1376 m), dem Hochficht (1337 m) und dem Bärenstein (1076 m) vereint.
Wir haben bis hierher rund *20 Minuten* an reiner Gehzeit gebraucht und stehen jetzt vor einem Marterl unter zwei Bäumen rund 100 m *vor* der Ortstafel ,,Steinbruch".
Von hier aus sollten Sie den kurzen Abstecher in den Ort Steinbruch, bei dessen Ortstafel Sie ja bereits stehen, nicht versäumen. Die heute noch an Sonntagen zu Gottesdiensten benützte Filialkirche von St. Peter, der hl. Anna geweiht, gehört zu den sehenswertesten Kirchen des Mühlviertels. Das Anfang des 16. Jahrhunderts im spätgotischen Stil erbaute Gotteshaus liegt auf einer kleinen Anhöhe und ist von einer Mauer umgeben. Neben seiner architektonischen Schönheit begeistert uns schon am spitzbogigen Südtor ein Steinrelief der hl. Anna Selbdritt aus der Gründungszeit. Die barocke Innenausstattung (Hochaltar aus dem 17. Jahrhundert, Seitenaltäre, Kanzel, kleine, originelle Orgel aus 1710, im Chor Gemälde aus dem Leben der hl. Anna, 1784) steht im eigenartigen, reizvollen Kontrast zur gotischen Architektur. Die spätgotische Statue des hl. Leopold, ein lebensgroßes Grab-

Die zweite Weg-Etappe

Ort	Höhe
Pürnstein	520
Steinbruch	618
Bairachbach	550
Hötzeneck	619
Pesenbachtal	580
Loitzendorf	680
Hansberg	848
Kl. Rodl	585
Waxenberg (Ort)	748
Schafferschlag	798
Oberneukchn.	774
AV-Herberge Sonnenhof	650
Rodltal	616

relief für Gregor von Starhemberg (1515), ein weiteres Relief mit der Darstellung eines verwesenden Leichnams, die alte Glocke (1521), zwei Leidensdarstellungen auf einer Platte des ehemaligen Kreuzweges vom Schloß Pürnstein hieher, den wir gerade vorhin gewandert sind, sowie zahlreiche Votivsteine erinnern an die Gründungszeit. An Sonntagen ist die Kirche geöffnet, an Werktagen ist im danebenstehenden Gasthaus Höller der Schlüssel erhältlich.

Nun verlassen wir die Straße rechts und folgen einem Feldweg, an einem schön unter zwei Bäumen stehenden Marterl mit Sitzbank vorbei, nach links zu dem von hier aus sichtbaren Bauernhof (Edelböck). Linker Hand taucht bereits der Kirchturm von St. Peter am Wimberg auf, wir aber wenden uns hinter dem Gehöft scharf nach rechts und wandern über eine Wiese in eine flache Mulde hinab, in der sich eine alleinstehende Buche mit einem Hochstand befindet. Auf einem von rechts kommenden Fahrweg gelangen wir weiter, aus der Mulde wieder hinauf zu den Häusern von *Otten* (Steinbruch Nr. 5 und 6). Geradeaus weiter erreichen wir bei einer baufälligen Kapelle einen asphaltierten Güterweg, der uns nach links am Haus Kote 574 (der Österr. Karte, Blatt 31), einem Wegkreuz, später an einem Marterl und einer Hauszufahrt vorbeiführt, um beim letzten Gehöft zu enden. Unweit eines auf der rechten Straßenseite stehenden Eisenkreuzes geht es dann links einen Wiesenweg hinab in ein Bachtal, wobei wir uns bei der ersten Weggabelung links, also dem Wald zu, halten, dann aber nach rechts den Bairachbach überqueren und nach knappen 35 Gehminuten ab Steinbruch hier am Waldrand einen herrlichen, erquickenden Rastplatz antreffen.

Ein Feldweg zieht breit von rechts herauf. Wir folgen ihm nach links zu einem Hof (nahe Kote 590). Der neue Güterweg führt uns („Im Ganserwinkel") von hier leicht aufwärts nach rechts, immer gerade an mehreren Abzweigungen und zwei weiteren Bauernhöfen vorbei, über eine Kuppe und dann leicht abwärts nach *Pehersdorf* (Kote 602) zur asphaltierten Straße St. Peter am Wimberg – Bahnhof Neuhaus/Niederwaldkirchen, in die wir auch nach rechts einbiegen. Von hier aus ist erstmals im Osten der 848 m hohe Hansberg zu sehen. Rechts auf einem Hügelzug erblicken wir die kleine Gemeinde St. Ulrich im Mühlkreis.

Nach 50 m verlassen wir die Straße bei einem Eisenkreuz nach links, um auf einem Karrenweg von der nächsten Kuppe aus vor uns St. Peter am Wimberg, dahinter St. Johann am Wimberg und im Hintergrund wieder den Hansberg zu sehen. Nach einer Rechtskurve mündet unser Weg in eine Sandstraße ein, der wir nach rechts folgen, an einer Kapelle bei einer Hauszufahrt vorbei, geradewegs zu einem Gehöft (Kote 599), wo wir auf den asphaltierten landwirtschaftlichen Zufahrtsweg Hauzenberg links abbiegen. Leicht abwärts geht es durch die Streusiedlung *Hötzeneck* (Gemeinde St. Ulrich i. M.), dann auf dem von rechts kommenden Güterweg Hötzeneck nach links, an einem Bauernhof vorbei, bis wir bei einem verfallenen Haus rechts den Wiesenweg zu zwei Bächen hinunterwandern und nach deren Überquerung nicht dem nach rechts in den Wald führenden Weg folgen, sondern nach links immer den Waldrand entlanggehen. Bei einem Waldeck geht es steil aufwärts nach rechts wieder den Waldrand entlang, nicht auf dem geradeaus weiterführenden Wiesenweg weiter. So gelangen wir auf der Anhöhe zu einem angenehmen Rastplatz am Waldrand. Bei einer alleinstehenden Lärche kommt rechts aus dem Wald ein breiter Fahrweg auf uns zu. Wir gehen auf ihm nach links hinunter bis zu einem asphaltierten Güterweg und auf diesem wieder links hinauf zu zwei Gehöften (Kote 619). Nach dem Haus Hötzeneck Nr. 9 verlassen wir den Güterweg und wandern einen ziemlich steilen Feldweg rechts hinunter ins *Pesenbachtal*. Am rechten Ufer

in Flußrichtung des Baches erreichen wir bald die *Schwarzmühle* (Ortschaft Sichersdorf).
Hierher führt eine rote Punktmarkierung mit der Nr. 5 von St. Peter am Wimberg.
Wir gehen am Pesenbach weiter. Wo sich das steile Waldtal zu einer Wiesenmulde weitet, steht die *Sagmühle* mit sehenswerten bäuerlichen Stuck-Fensterumrahmungen, gemaltem Zunftzeichen neben der Eingangstür und einem rustikalen Fresko im Giebelfeld.
Von unserem letzten Rastplatz sind wir gute 1 1/4 Stunden unterwegs. Es lohnt sich, hier etwas zu verschnaufen.
Der Weg führt uns einige Schritte nach links zu einer Straßenbrücke, die ein in den Pesenbach mündendes Gewässer überquert. Unmittelbar dahinter biegen wir nach rechts auf einen Wiesenweg ein und wandern im Tal am rechten Pesenbachufer entlang, bis dieser auf einer Betonbrücke nach rechts überschritten wird. Dann geht es auf einem Wiesenweg in großem Bogen aufwärts aus dem Tal hinaus zu einem Gehöft, wo ein asphaltierter Zufahrtsweg beginnt, dem wir geradeaus weiter folgen. Ganz nahe liegt links vor uns St. Johann am Wimberg. Auf der von dort kommenden Straße gehen wir nur wenige Schritte nach rechts, um bei einer rechts stehenden kleinen Kapelle neben einem Bauernhaus wieder nach links auf einen Feldweg einzubiegen. Schon von der nächsten Anhöhe können wir einen wundervollen Rückblick auf das westliche Mühlviertel genießen, während sich im Südwesten der Lichtenberg (927 m) vom Horizont abzeichnet. Von hier aus ist die von der Sektion Linz des Österreichischen Alpenvereins betreute Giselawarte nicht zu erkennen, doch ist der große Sendemast deutlich zu sehen, der sich von der höchsten Stelle des Lichtenberges bei Linz in den Himmel reckt.
Unser Feldweg mündet in einen von links kommenden Fahrweg, auf dem wir nach rechts nur einige Schritte bis zum

nächsten Bauernhof haben. Hier gehen wir links zwischen dem Haus und dem Stadel hindurch und folgen einem Feldweg in eine Mulde hinab, um in einem Linksbogen, bei einer Weggabelung wieder nach rechts, zum Waldrand hinaufzukommen, an dem uns wieder ein schöner Rastplatz erwartet.

Den hier von rechts herkommenden Fahrweg betreten wir kaum, da unser Mittellandweg Nr. 150 gemeinsam mit einem älteren rot-weiß-rot markierten Pfad (Niederwaldkirchen – Hansberg) gleich wieder nach links überaus romantisch in den Wald hineinführt. Es geht bei mehreren Wegkreuzungen gerade weiter, dann etwas nach rechts, leicht bergab zu zwei riesigen granitenen Gattersäulen mitten im Wald, nunmehr geradeaus hinaus auf einen Wiesenfleck, auf ihm schräg nach links hinauf zur Asphaltstraße St. Johann am Wimberg – St. Veit im Mühlkreis und auf dieser noch etwa 80 m nach rechts.

Beim Wegweiser „Hansberg 1 km" befindet sich eine Autobushaltestelle der Linie Linz-Hauptbahnhof – St. Johann am Wimberg (ÖBB-Bus). Hier biegen wir nach links ab und steigen über einen Wiesenweg nach links zum Waldrand hinauf, bis wir an eine Steinmauer stoßen. Hier geht es scharf nach links ziemlich steil hinauf und direkt in den Wald hinein. Beim oberen Waldrand folgen wir dem von rechts kommenden Waldweg nach links weiter hinauf, kommen unterhalb eines Bauernhofes vorbei, gehen zwischen weiteren Steinmauern hindurch bis zu einer granitenen Gattersäule auf der linken Seite, von wo aus wir im rechten Winkel nach rechts abzweigen und zwischen einer Steinmauer und einem Feld auf einem Rain bald die Hansbergstraße nahe unterhalb des Gipfels erreichen, die wir etwa 40 m nach rechts verfolgen. Nun gehen wir auf einer Hauszufahrt nach links weiter und gelangen zwischen dem Haus und dem

Sportplatz, uns neuerlich links haltend, auf den *Hansberggipfel* (848 m).

Das hier stehende ehemalige Gasthaus ist heute ein evangelisches Kindererholungsheim. Der alte Aussichtsturm des Gasthofes ist nicht mehr benützbar. Dafür steht hier im Winter ein Skilift in Betrieb.

Die Aussicht vom Hansberggipfel ist zufolge dichten Baumbestandes leider nach Süden und Westen stark beeinträchtigt. Doch entschädigt die Fernsicht nach Osten und Norden in gebührendem Maße.

Von der Sagmühle bis hierher sind wir *eine gute Stunde* gewandert und es wird langsam Mittag. Unschwer kann hier ein schattiger Rastplatz gefunden werden, von wo aus der Blick über die Weite der so einmaligen Landschaft des Mühlviertels streifen kann. Soweit das Auge reicht, wechseln Täler mit gelben Feldern und saftgrünen Wiesen mit dunklen, waldigen Hügeln und Bergkuppen ab, bis sie sich in immer lichteren Schattierungen bläulich in der Ferne verlieren. Dazwischen eingestreut, zeugen die braunen und roten Dächer der weißen, steinernen Bauernhöfe von Arbeit und Fleiß des oft geprüften Menschenschlages, der ebenso herb und offen erscheint wie die rauhe Natur seiner Hochland-Umwelt, die ihn geformt hat.

Teils stehen die Gehöfte wie schutzsuchend um ihre Kirche gedrängt, häufig aber mutig und trotzig zugleich vereinzelt auf stolzen Höhen wie kleine Burgen, allen Unbillen die Stirne bietend.

Aus dem unter uns liegenden St. Veit i. M. klingen die Mittagsglocken zu uns herauf und im flimmernden Licht der warmen Sonne zeigt sich unweit im Osten Waxenberg von seiner schönsten Seite. Im Nordosten erhebt sich der 950 m

Fernblick vom Mittellandweg; bei klarem Wetter ist der Alpenkamm zum Greifen nahe.

hohe Schallenberg und rechts weit dahinter grüßt der Sternstein (1125 m) vom Nordwaldkamm, wo der Rodlbach entspringt, der dann, östlich um den Brunnwald sprudelnd, als Große Rodl durch Zwettl, dann nach Südwest der Donau bei Ottensheim zueilt. Unmittelbar zu unseren Füßen liegt das einsame und wenig bekannte Tal der Kleinen Rodl, die am Fuße des Schallenberges entspringt, unterhalb von St. Veit, Neußerling und St. Gotthard vorbeiplätschert, um sich bei Rottenegg mit ihrer größeren Schwester zu vereinigen.

Im Südosten steigen große, weiße Haufenwolken auf, und dies ermahnt uns, weiterzuwandern. Von der Kapelle, die vor dem Nebengebäude des Kinderheimes steht, gehen wir nach links abwärts. Der Weg führt zunächst gemeinsam mit dem rot-weiß-rot markierten Weg Nr. 60 (Hansberg – St. Veit i. M.) und dem mit blauen Tafeln gekennzeichneten Trimmpfad des Jugendheimes in einem Bogen am Waldrand entlang und dann links in den Wald hinein, wo wir nach links abschwenken.

Der Weg Nr. 60 führt von hier aus rechts bergab nach St. Veit. ,,Hungernden" und ,,Durstenden" müßte eigentlich empfohlen werden, diesen Weg Nr. 60 in dreißig Minuten hinunter in den nächsten St. Veiter Gasthof einzuschlagen. Wieder gestärkt, könnte von St. Veit aus der Weg Nr. 62 begangen werden, der nach einer Stunde in Waxenberg wieder unseren Mittellandweg Nr. 150 erreicht. Diese Wegführung wäre insgesamt eine halbe Stunde Gehzeit länger als der Hauptweg.

Will man aber den Hauptweg um zirka eine Viertelstunde abkürzen, so könnte man den landschaftlich weniger schönen Weg Nr. 60 von St. Veit in einer Stunde über Königsdorf und Mitterfeld nach Oberneukirchen einschlagen, doch sind dabei längere Strecken auf sonnigen Güterwegen in Kauf zu nehmen.

Am Mittellandweg Nr. 150, vom Hansberggipfel absteigend, streben wir einem asphaltierten Güterweg zu und verfolgen diesen dann ungeachtet mehrerer Abzweigungen nach rechts weiter abwärts, an einigen Wochenendhäusern vorbei, bis zum Haus *Windhag* Nr. 1 (Gemeinde St. Veit i. M.). Die Richtung ist nicht mehr zu verfehlen, denn rechter Hand liegt nun die Ortschaft St. Veit i. M. und auf den gegenüberliegenden Hügeln erheben sich gerade vor uns die Ruine und der Ort Waxenberg. Beim vorgenannten Haus wendet sich der Weg nach rechts, wir aber verlassen den Güterweg und wandern geradeaus weiter über einen Feldrain und dann am Waldrand abwärts bis zum nächsten Bauernhaus, das gleichfalls an einer asphaltierten Zufahrtsstraße liegt. Von hier aus geht es zunächst links, dann in einem Rechtsbogen auf einem befestigten Güterweg weiter, vorbei an einer alleinstehenden Garage, nach rechts entlang an Kreuzwegstationen zunächst in Richtung St. Veit i. M., bis zu einem links stehenden Marterl. Hier biegen wir links auf eine Zufahrtsstraße zu einem Einfamilienhaus und einem Bauernhof ein, gehen beim Garten neben dem Gehöft rechts über einen Wiesenweg abwärts, dann durch ein Waldstück, wobei wir uns bei einer Weggabelung wieder rechts halten, steigen ziemlich steil zu einer Wiese ab, überqueren diese und gelangen zum Haus *Grubdorf* Nr. 1 (Gemeinde St. Veit i. M.) oberhalb der Hansberg-Landesstraße. Nach rechts, in Richtung St. Veit i. M., verfolgen wir etwa 150 m den Karrenweg und biegen dann nach links auf einen Feldrain ab, der direkt hinunter auf die vorgenannte Landesstraße führt. Dieser folgen wir nun nach links bis zur Brücke über die Kleine Rodl.

Hier ist die Grenze zwischen den Bezirken Rohrbach und Urfahr-Umgebung. Gleich nach einer Rechtskurve steigen wir hinter der Brücke zuerst über Stufen nach links über die steile Böschung und später über einen Wiesenhang zu den

Gillhöfen hinauf, zwei von unten bereits gut sichtbare Bauernhöfe, *Wögersdorf* Nr. 1 und 2 (Gemeinde Oberneukirchen). Der Weg führt uns zwischen den Häusern hindurch und dahinter nach links in einem Bogen wieder hinaus zur Hansberg-Landesstraße, der wir etwa 150 m nach links folgen, um dann, wieder links abzweigend, über einen Feldweg zu einem Haus am Fuße des Waxenberger Skihanges zu gelangen. Von hier aus geht es nach rechts, bei einer Steinmauer hindurch, quer über den Skihang hinauf und auf der anderen Wiesenseite der dortigen Steinmauer entlang bis zu einem Durchlaß. Dahinter stehen wir bald vor den ersten Häusern von *Waxenberg*. Zwischen diesen hindurch, nach links am Kinderheim „Schwalbennest" vorbei – rechter Hand befindet sich die Abzweigung zur Ruine –, auf der Hansberg-Landesstraße gerade aufwärts, gelangen wir, am alten Schloß mit seiner Kapelle vorbei, direkt zur Ortsmitte (Kote 748).

Vom Hansberg bis hierher sind wir wieder eine volle Stunde marschiert. Wenn es nicht zu heiß ist und wir noch nicht zu müde sind, sollten wir den Abstecher zu der nur fünf Minuten entfernten *Burgruine Waxenberg* machen, denn unsere Tagestour geht schließlich langsam zu Ende und bereits in etwa 1½ Stunden können wir unsere nächste Kontrollstelle erreichen.

Die Burg Waxenberg ist um 1140 erbaut worden und war lange der Stammsitz der Wilheringer, nachdem sie ihre ursprüngliche Burg zur Gründung des Klosters Wilhering an der Donau verwendet hatten.

Ruine Waxenberg,
stiller Zeuge jahrhundertealter Landesgeschichte.

Die älteste Feste dieses Namens lag allerdings um 1100 im sogenannten „Burgholz" bei Stammering, etwa 5 km entfernt. Sie wurde unter den Schaunbergern verlassen. Von 1291 bis 1614 war die Burg Waxenberg Eigentum der Landesfürsten und vielfach verpfändet, so unter anderem an die Wallseer, Schallenberger, Liechtensteiner und Geraer. 1647 wurde sie von den Starhembergern erworben und ist bis heute in deren Besitz verblieben. Der Türkenverteidiger Wiens (1683), Graf Ernst Rüdiger von Starhemberg, hatte hier seinen Wohnsitz. Heute steht außer den Mauerresten und einem Turm des Vorwerks nur noch ein gesondert auf einem Felsen emporragender Rundturm. Ein Blitzschlag hatte 1756 die übrige Wehranlage vernichtet und die Burg wurde dem Verfall preisgegeben. In den Jahren 1948/49 baute der Waxenberger Verschönerungsverein den Rundturm zur heutigen 30 m hohen Aussichtswarte mit bequemeren Leitern und Stiegen um. Von hier aus hat man einen herrlichen Rundblick über das westliche und mittlere Mühlviertel und bei klarer Sicht bis hin zur Alpenkette im Süden.

Im Ort selbst befinden sich eigentlich zwei Schloßbauten. Das zuvor genannte alte Schloß stammt aus dem 17. Jahrhundert. Die Kapelle wurde 1756 erbaut, der sehenswerte Brunnen im Hof um 1776 in Betrieb genommen. Das zweite Waxenberger Schloß wurde erst 1907 erbaut und dient seinem Besitzer, dem Fürsten Starhemberg, zeitweise als Wohnsitz.

Bemerkenswert sind die zahlreichen Wegmarkierungen, die Waxenberg nach allen Richtungen hin durchziehen. Als wichtigste Wanderwege fallen uns die beiden rot-weiß-rot markierten Pfade Nr. 147 durch den Brunnwald nach Bad Leonfelden und Nr. 37 über Amesschlag nach Zwettl an der Rodl, auf. Gleichfalls bietet sich von hier ein schöner, rot gekennzeichneter Wanderweg über Kleintraberg und Ahorn zu der etwa zwei Stunden weit gelegenen Ruine Piberstein an. Diese Wanderung vermittelt besonders den eigenartigen Reiz des nach Norden immer herber werdenden Mühlviertels. Die beiden zuerst erwähnten Wege wurden von den Österreichischen Alpenvereins-Ortsgruppen Bad Leonfelden und Zwettl an der Rodl (ÖAV-Sektion Linz), der letztere vom Fremdenverkehrsverein Waxenberg errichtet.

Wenn wir aber noch heute unser Etappenziel, die Große Rodl, erreichen wollen, so ist es höchste Zeit, aufzubrechen. Wir gehen gleich hinter dem Gasthof Atzmüller rechts über die Stufen zur Hansberg-Landesstraße hinunter, kommen auf dieser, links abwärts schreitend, am Bad vorüber und biegen nach etwa 160 m links ab, um, zunächst zwischen Häusern, dann einem freien Wiesenweg folgend, einen schönen Rastplatz mit Bänken am Waldrand zu erreichen. Von hier bietet sich ein weiter Blick nach Westen. Erstaunt können wir einen großen Teil der heute zurückgelegten Wanderstrecke erkennen.

An einem Stockhaus vorbei führt uns der Weg rechts abwärts zu einem Bauernhaus, dann links unterhalb des Hofes vorüber geradeaus zu einem Waldstück. Durch dieses hindurch gelangen wir, auf einen Wiesenweg nach links einbiegend, hinauf zu einer Böschung oberhalb des ,,Mitterfeldes" (Ortschaft der Gemeinde Oberneukirchen). Wir verfolgen diese Böschung nach rechts, steigen dann auf diese hinauf und wandern immer den Wald entlang. Nochmals tauchen wir in den Wald ein, kreuzen ein Bächlein und erreichen auf einer Wiese einen Karrenweg, der uns geradeaus leicht aufwärts weiterführt. Wo er dann nach links abbiegt, geht es gerade weiter über ein Feld zu einer Birkengruppe. Zunächst entlang an Gartenzäunen von Wochenendhäusern, die zur Ortschaft *Schaffetschlag* gehören, geht es dann vor dem letzten Haus links hinaus auf die Bezirksstraße Waxenberg – Oberneukirchen. Auf dieser wandern wir rund 30 m nach rechts und biegen bei einer Trafostation links auf einen Feldweg ein, dem wir bis zum nächsten Haus folgen. Dann

wenden wir uns nach rechts in Richtung Oberneukirchen, geradewegs über die alte Straße abwärts in den „Fuchsgraben", bei einem Haus nach links hinab auf den Güterweg, auf diesem durch eine Mulde und auf der asphaltierten Straße geradeaus aufwärts Richtung *Oberneukirchen*. Bei einer neuerbauten Kapelle stoßen wir hier auf die von links kommende rot-weiß-rote Markierung Nr. 140 (Oberneukirchen – Waldschlag – Piberstein – Helfenberg). Dieser nun folgend, kommen wir an der Kirche vorbei, queren hier, nach rechts abbiegend, die Waxenberger Bezirksstraße und gelangen auf der Gramastettner Straße, gegenüber der Raiffeisenkasse Oberneukirchen, zur Abzweigung des Güterweges Ringweg. Auf diesem gehen wir nun nach links, gemeinsam mit den Markierungen Nr. 142 (Brunnwald – Sternstein) und Nr. 39 (nach Zwettl an der Rodl), bis zum Oberneukirchner Kino. Inzwischen gesellte sich auch der mit der Nr. 30 markierte Weg (Oberneukirchen – Schönau – Bad Leonfelden) zu uns.
Das 774 m hoch gelegene Oberneukirchen ist inmitten seiner reizvollen Umgebung einer jener liebenswerten Orte des oberen Mühlviertels, die soviel wohltuende Ruhe und Freundlichkeit ausstrahlen können.
Bereits 1292 im Besitz der Wilheringer urkundlich als „Neunkirchen" genannt, stand die Siedlung lange unter der Waxenberger Gerichtsbarkeit, woran noch die etwas außerhalb gelegene Richtstätte, der Galgenhügel, erinnert. Einer der letzten Hingerichteten war der Räuber Landl Michl, der in der zweiten Hälfte des 18. Jahrhunderts die Wälder zwischen Reichenau und Hansberg unsicher gemacht hat. Der Sage nach war er eine Art „Robin Hood" des Mühlviertels.

Oberneukirchen, einer der vielen verträumten Orte am Mittellandweg, wo Ruhe und Erholung noch groß geschrieben werden.

Um die Mitte des 14. Jahrhunderts erhielt der Ort, der von seiner historischen Atmosphäre nicht allzuviel behielt und in dem eigentlich immer schon das bürgerliche Element vorherrschend war, die Marktrechte.

Vom Fleiß der Flachsbauern und Leinenweber sowie vom bemerkenswerten Wohlhaben, den der blühende Handel mit diesen Produkten dem Ort brachte, zeugen noch die zahlreichen bemalten oder mit Stuck versehenen Fassaden der reichlich mit Blumen geschmückten Häuser am dreieckigen Marktplatz.

Einer alten Topographie des Landes ob der Enns aus dem Jahre 1814 ist zu entnehmen, daß Oberneukirchen seinen Leinwandhandel bis nach Spanien und in die Türkei auszudehnen verstand.

Die Pfarrkirche am oberen Teil des Marktplatzes, die dem hl. Jakobus d. Ä. gewidmet ist, besitzt ein spätgotisches, zweischiffiges Langhaus. Neben dem netzrippengewölbten Chor ist das aus der gleichen Stilepoche stammende Taufbecken sehenswert. Ebenfalls interessant sind am Marktplatz der obere Brunnen mit dem hl. Georg (1901, Jugendstil) und der untere Brunnen mit Hirtenjungen und Marktwappen (1913). Auch am seltenen Naturdenkmal einer 300jährigen Linde sollte man nicht achtlos vorübergehen. Zurecht kann sich Oberneukirchen rühmen, Geburtsort zahlreicher bedeutender Persönlichkeiten des oberösterreichischen Kulturlebens zu sein. So erinnert am Haus Nr. 9 eine Gedenktafel an den hier geborenen Komponisten Hans Schnopfhagen (1845 bis 1908), der die oberösterreichische Landeshymne ,,Hoamatland" von Franz Stelzhamer vertonte. Ebenso wurde 1764 hier der Maler und Lithograph Johann Nepomuk Mayrhofer geboren, der dann bis 1832 als Hofmaler in München lebte. Auch der weit über unsere Grenzen hinaus geschätzte Volkskundler und Restaurator Hermann Haiböck (1922–1969) erblickte in Oberneukirchen das Licht der Welt, gleichfalls

(1906) der bekannte Maler des Mühlviertels Albrecht Dunzendorfer, der heute in Hellmonsödt lebt.
Dem Wanderer und Erholungsuchenden bietet heute der Ort zahlreiche gut markierte und leichte Rundwanderwege, aber auch fast alle anderen Arten sportlicher Betätigung. Gut geführte und nette Gasthöfe sorgen ergänzend dafür, daß die Gäste dieses Ortes stets gerne wieder kommen.
Unser Mittellandweg Nr. 150 führt uns vom Oberneukirchner Kino, rechts vom Güterweg Ringweg abzweigend, zwischen Häusern hindurch zur Ortstafel und dann etwa 1 km lang auf dem asphaltierten Güterweg Innernschlag weiter. Zunächst geht es ziemlich eben dahin, später leicht abwärts, bei einer Güterwegabzweigung geradeaus weiter und zu den ersten Häusern an der linken Seite des Weges. Hier biegen wir scharf rechts ab und wandern über einen Wiesenweg hinunter zunächst zu einem kleineren Waldstück und dann in einem Rechtsbogen zu einem Wiesenfleck, den wir nach links hin schräg überqueren, um zum großen Innernschläger Wald zu gelangen. Über ein Bächlein und dann in einem Linksbogen auf einem rasch abwärts führenden Waldweg hinein in eine Bachmulde erreichen wir bald einen Fahrweg. *Hier zweigt der rot-weiß-rot markierte Weg Nr. 74 zur Ruine Lobenstein (³/4 Stunden) ab, von wo es auf Weg Nr. 140 nach Untergeng weitergeht (1 ¹/2 Stunden). Diesen lohnenden Abstecher heben wir uns bestimmt für später auf.*
Jetzt aber gehen wir auf dem Fahrweg geradeaus zwischen Wochenendhäusern hinauf zur dritten Kontrollstelle, die in der rund 35 Minuten von Oberneukirchen gelegenen *Pension ,,Sonnenhof"* untergebracht ist. Der gemütliche, geräumige Gasthof mit Hallenbad, Sauna, Reitpferden, Kegelbahn und Minigolfanlage lädt zur Rast ein. Unmittelbar daneben befindet sich die *Alpenvereins-Herberge* der Ortsgruppe Zwettl an der Rodl des Österreichischen Alpenvereins, Sektion Linz, mit zehn Lagern. Donnerstags ist der

Gasthof geschlossen, und wenn Sie zufällig gerade an diesem Tag hier eintreffen, so müssen Sie noch etwa 25 Minuten weiter bis nach Zwettl an der Rodl wandern, wo in der Café-Konditorei Engelbert Schwarz auf dem Marktplatz die *Ersatzkontrollstelle* eingerichtet ist.

Unterhalb vom Sonnenhof zweigt nach rechts der Weg Nr. 70 über die Pöllersmühle nach Glasau – Hellmonsödt ab. Hat man den Kontrollstempel im „Sonnenhof" erhalten, so kann man auf diesem Weg Nr. 70 über die alte Salzstraße zur Pöllersmühle (1 Stunde) und von hier auf dem Weg Nr. 72 weiter nach Oberrudersbach (½ Stunde) wandern, wobei man nur etwa 20 Minuten länger unterwegs ist als auf dem Hauptweg. In Oberrudersbach erreicht man wieder den Mittellandweg Nr. 150.

Ungefähr 40 Minuten länger als auf dem Hauptweg braucht man, wenn man ebenfalls zunächst auf dem Weg Nr. 70 zur Pöllersmühle geht und dann weiter in ½ Stunde über Glasau hinauf zum Weg Nr. 12 nach Hellmonsödt (10 Minuten) und ab hier in 1½ Stunden auf dem Weg Nr. 79 oder 80 durch den Breitlusserwald nach Reichenau, wo man bei der Ruine genau auf den Mittellandweg Nr. 150 stößt.

Das kurze Stück des Mittellandweges Nr. 150 vom „Sonnenhof" nach Zwettl an der Rodl führt auf dem asphaltierten Güterweg erst bergab, dann nach Überqueren des Forstbaches leicht ansteigend bis zum Ende des Güterwegs Innernschlag an der Waxenberger Bezirksstraße (Teilstück Oberneukirchen – Zwettl an der Rodl), gerade über diese hinüber und auf einem Feldweg an dem um 1910 aufgelassenen Talkbergwerk und an einigen Häusern vorbei wieder zur Waxenberger Bezirksstraße, bis man schließlich auf dieser nach etwa 500 m direkt in den Markt *Zwettl an der Rodl* hinein gelangt, und zwar bis zu den Orientierungstafeln an der alten Schule auf dem Kirchenplatz.

Das in seiner waldreichen Umgebung geschützt an der Gro-

ßen Rodl gelegene Zwettl (616 m) ist schön um seinen Marktplatz gruppiert. Der Ort hat in vielerlei Hinsicht seine besonderen Reize. Nicht nur daß der Ort längst von zahlreichen Urlaubern, die hier von ausgezeichneten Gasthöfen bestens umsorgt werden, als ideale Erholungsstätte entdeckt wurde, ist es dem Fremdenverkehrsverein und der besonders rührigen Ortsgruppe des Alpenvereins zu danken, daß hier eine kleine Hochburg des Wandersports entstehen konnte. Wer im Ort vor der großen Übersichtstafel steht und dann die zahlreichen Hinweisschilder und Markierungstafeln sieht, der kann erst richtig verstehen, daß die hiesige ÖAV-Ortsgruppe mehr als 100 km Wanderwege angelegt und markiert hat und diese weiterhin ständig betreut. Großes Verdienst kommt ihr auch bei der Markierung des Mittellandweges zu, und man muß neidlos zugeben, daß auf dem beträchtlichen Stück Weges, das diese Ortsgruppe betreut, ein ,,Verirren" völlig ausgeschlossen ist.

Auch der Geologe kommt hier auf seine Rechnung, da durch das Einsinken des Rodltales und durch den bis hierher feststellbaren Druck vom Bayerischen Pfahl her der sogenannte verworfene Granit vorherrscht. Stellenweise werden auch Specksteinarten gefunden.

Der Kunstfreund sei besonders auf das 1668 erbaute und am Rodlufer im südlichen Ortsteil stehende Haus Nr. 10, das Färberhaus mit seinen einheitlichen Empire-Schauseiten, hohem, gebrochenem Dachstuhl, Trockenboden und interessanter Balkendecke im Erdgeschoß, hingewiesen. Das Färberhaus gehörte einst zur bedeutenden Baumwollfabrik, die hier zur Zeit Kaiser Franz Josephs in Betrieb stand und damals über hundert Hausweber beschäftigte. Leider ist an vielen Fassaden der schöne Stuckdekor aus dem Anfang des 19. Jahrhunderts verlorengegangen, doch sind noch an zahlreichen Häusern Reste davon zu erkennen. Sehenswert auch das Haus Nr. 7, das ehemalige Bräuhaus mit Holzbalken-

decke aus der Mitte des 17. Jahrhunderts und geschnitzten Türumrahmungen in der Ratsherrenstube (heute Café-Konditorei).
Ulrich von Lobenstein gründete in Zwettl 1264 eine Filialkirche von Gramastetten. Seit 1375 ist Zwettl eine eigene Pfarre, Markt seit 1380. Da das erste Marktrecht in den Kriegswirren verlorenging, wurde es von Kaiser Maximilian I. 1513 neu verliehen. Die Pfarrkirche (Mariä Himmelfahrt) wurde in den siebziger Jahren des vorigen Jahrhunderts erweitert und nach neugotischer Stilrichtung überholt und vor einigen Jahren geschickt renoviert. Heute zeigt die Kirche mit dem sechseckigen Pyramidenhelmturm (1898) einen einjochigen, kreuzrippengewölbten Chor und ein vierjochiges, zweischiffiges Langhaus. Bemerkenswert ist eine prächtige Kreuzigungsgruppe (ca. um 1730) an der Nordseite des Chores. Etwa aus der gleichen Zeit stammt das Standbild des hl. Nepomuk an der Rodlbrücke. In der Kirche sind ferner noch der zwölfseitige Rotmarmortaufstein aus dem 15. Jahrhundert und ein barocker „Gnadenstuhl" (Hl. Dreifaltigkeit) sehenswert. Ausgesprochen gut fügen sich die modernen Glasfenster von Kolbitsch (1970) in das Gesamtbild. An der Außenmauer steht das 1959 von Max Stockenhuber errichtete Kriegerdenkmal. Den Marktplatz sollte man nicht überqueren, ohne sich den dort befindlichen Jugendstilbrunnen näher angesehen zu haben.
Zwettl besitzt ein Freibad, zwei Skilifte und zwei im Winter gut präparierte Langlaufloipen zu 6 und 10 km Länge.
Es ist wirklich lohnenswert, wieder einmal nach Zwettl an der Rodl zurückzukommen, um den friedlichen, harmonischen Eindruck in vollen Zügen zu genießen und vielleicht nur einige der herrlichen Wanderungen durch schattige, ruhige Wälder, zwischen fruchtbaren, reifen Feldern, über saftige, duftige Wiesen oder im Winter im verzauberten Weiß der Natur zu erleben.

Markierte Wanderwege führen u. a. über Schönau nach Oberwaldschlag, Bad Leonfelden (Nr. 34), Amesschlag – Waxenberg (Nr. 37), Ölbergkapelle – Oberneukirchen (Nr. 39), Oberrudersbach – Hellmonsödt – Linz (Nr. 150/70A), Glasau – Hellmonsödt/Kirchschlag (Nr. 70/12), Lobenstein – Untergeng – Giselawarte – Urfahr (Nr. 150/74/140), Dreiegg – Habruck – Schenkenfelden (Nr. 31) bzw. Dreiegg – Bad Leonfelden (Nr. 31/160), alle rot-weiß-rot markiert.

Außerdem umzieht in etwa ½ bis 1½ km Entfernung kreisförmig ein mit blauen Dreiecken markierter Rundwanderweg (kleine Runde) 13 km lang den gesamten Ort, der über alle vorgenannten Wege in weniger als 10 bis 20 Minuten erreicht werden kann.

Zusammenfassung 2. Wegetappe:
Land zwischen Mühl und Rodl

Weglänge:
etwa 24 km bzw. 26 km bis Zwettl an der Rodl.

Gehzeit:
ungefähr 6 bis 6½ Stunden.

Höhenangaben:
Großes Mühltal 460 m, Pürnstein 520 m, Steinbruch 618 m, Bairachbach 550 m, Hötzeneck 619 m, Pesenbachtal 580 m, Hansberg 848 m, Kleine Rodl 585 m, Waxenberg 748 m, Schaffetschlag 798 m, Oberneukirchen 774 m, Großes Rodltal 616 m.

An- und Abreise:
in Pürnstein Haltestelle der Mühlkreisbahn und Autobusverbindung, in Zwettl an der Rodl regelmäßiger Autobusverkehr.

Kontrollstelle:
ÖAV-Herberge, Gasthof-Pension „Sonnenhof", 4180 Innernschlag 1, Tel. 0 72 12 / 234, oder Café-Konditorei Engelbert Schwarz in Zwettl an der Rodl, Marktplatz (Ratsherrenstube).

Wichtiger Hinweis:
Im Teilstück Pürnstein bzw. Steinbruch bis Waxenberg wird kein Ort berührt, es liegt auch kein Gasthaus an der Strecke. Es empfiehlt sich daher, Wanderproviant für eine Mittagsrast unterwegs mitzunehmen.

3. Im unteren Mühlviertel

Die dritte Wegetappe:
Zwettl an der Rodl – Trosselsdorf

Der Wegverlauf

Wir verlassen *Zwettl* in südlicher Richtung auf der Linzer Straße, gehen über die Rodlbrücke und zweigen bei der Tankstelle nach links ab, durchqueren die Schmiedfeld-Siedlung und wandern vom letzten Haus nach rechts über den Eisbach, am Bauernhof Bachmayr vorbei und dann links auf einem Wiesenweg hinauf zum Wald.

Von dem schönen Rastplatz hier am Waldesrand, der eigentlich zum längeren Verweilen einlädt, lohnt sich noch einmal ein Blick zurück auf Zwettl.

Der Weg aber führt weiter durch den Wald zu einem einzeln stehenden Haus auf einer Wiese, dann an einem Wochenendhaus vorbei und wiederum links aufwärts zum nächsten Waldstück. Hier stoßen wir auf den mit blauen Dreiecken markierten Rundwanderweg der Zwettler ,,kleinen Runde", die nach rechts über Sturm, Sturmmühle, Rodltal zum ,,Pammer im Bauhof" weist. Wir aber gehen gemeinsam mit dem mit blauen Dreiecken markierten Pfad am linken der beiden in den Wald führenden Wege weiter, um auf einem Wiesenweg nach *Unterrudersbach* (Gemeinde Sonnberg) zu gelangen.

Die Zwettler ,,kleine Runde" zweigt links ab über Sonnberg, Hammermühle, Langzwettl, Schauerschlag, Schauermühle, Ölberg wieder zum ,,Pammer im Bauhof", während wir aber auf dem hier beginnenden asphaltierten Güterweg etwa 300 m geradeaus weiterwandern, um zwischen zwei Häusern auf einen Fahrweg nach links abzubiegen, den wir

aber gleich wieder, leicht rechts aufwärts, verlassen, um bei der ersten Wiesenweg-Abzweigung nach rechts auf die alte Rudersbacher Straße zu gelangen, die etwa parallel zum Güterweg verläuft. Geradeaus über mehrere Wiesenwegquerungen gelangen wir nach einem Wochenendhaus zu einer Wanderwegkreuzung mit Wegweiser.
Nach rechts hin lädt der Weg Nr. 72 zu einer späteren Wanderung ein: Pöllersmühle – Davidschlag – Edlmühle, dann Weg Nr. 140: Untergeng – Lobenstein – Oberneukirchen, bzw. Weg Nr. 74: Sonnenhof, oder Weg Nr. 70: Pöllersmühle – Glasau, weiter Weg Nr. 12: nach Kirchschlag, oder Weg Nr. 70: Pöllersmühle – Sonnenhof.
Nach links Weg Nr. 160: Sonnberg – Dreiegg – Elmegg – Bad Leonfelden, oder Weg Nr. 31: Dreiegg – Habruck – Schenkenfelden.
Wir gehen jedoch geradeaus weiter und kommen gemeinsam mit Weg Nr. 160 nach 100 m wieder zu einem Wochenendhaus, wo sich die nächste Wanderwegabzweigung mit Wegweiser befindet.
Während der Weg Nr. 160 geradeaus weiter über Hellmonsödt – Oberbairing – St. Magdalena nach Linz bzw. Weg Nr. 80 von Hellmonsödt nach Reichenau oder Weg Nr. 12 von Hellmonsödt über Glasau nach Kirchschlag führt,
zweigt unser Mittellandweg Nr. 150 bei der vorgenannten Kreuzung nach links ab und mündet über einen Wiesenweg in den von Hellmonsödt kommenden asphaltierten Güterweg Rudersbach, dem wir nach links in Richtung Sonnberg folgen. Geradeaus, an einer Wegabzweigung vorbei, erreichen wir in *Obersonnberg,* dort, wo sich der Güterweg in einem großen Bogen nach links wendet, abermals einen Wegweiser, bei dem wir vom Güterweg nach rechts auf einen Feldweg einbiegen.
Von diesem Wegweiser weg könnte man mit Weg Nr. 71 nach Sonnberg zum Weg Nr. 160 und von dort unmarkiert, aber

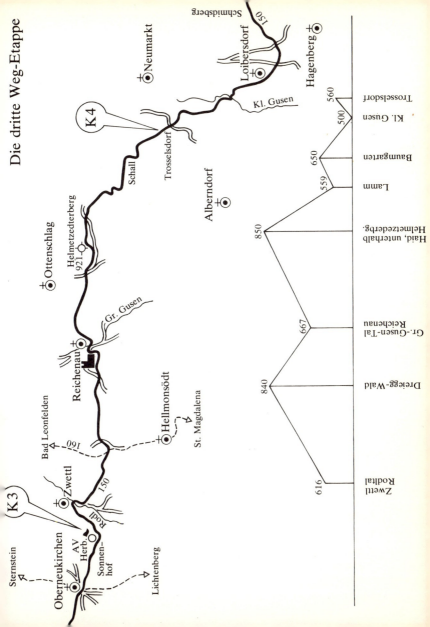

*beschildert auf einem Fußsteig zur Zwettler „kleinen Runde"
und somit wieder nach Zwettl zurück gelangen.*
Wir bleiben aber heute auf unserem Feldweg, der uns gerade auf einen Wald zuführt, einen Ausläufer des ausgedehnten Dreiegger Waldes. Beachtenswert ist hier vom Waldrand die herrliche Aussicht nach links hinüber auf Bad Leonfelden und dahinter den Sternstein, ferner auf Dietrichschlag und Langzwettl, dahinter das dunkle Grün des Brunnwaldes und auf die Ortschaft Traberg. Zurückblickend, sehen wir über Schauerschlag bis nach Oberneukirchen, bei klarem Wetter bis nach Waxenberg und zum Hansberg. Nachdem wir von Zwettl bis hierher eine knappe Stunde unterwegs waren, vergönnen wir uns angesichts dieses Ausblickes auf dem schönen Rastplatz am Waldrand eine kurze Verschnaufpause.

Dann aber geht es weiter, in den Wald hinein. Bei einer Weggabelung halten wir uns rechts, und schließlich, am Rand einer Lichtung entlangwandernd, verlassen wir das schattige Waldstück. Von hier aus sehen wir bereits die Häuser von *Oberaigen,* Gemeinde Hellmonsödt, die wir über einen Wiesenweg auch bald erreichen. Den Ortschaftsweg überquerend, gehen wir links von einem Haus unterhalb der Ortsstraße durch einen Hohlweg geradeaus abwärts. Nachdem wir die Straße Hellmonsödt – Habruck – Schenkenfelden überschritten haben, gelangen wir wieder in ein Waldstück und in diesem über eine Wegkreuzung geradeaus weiter über ein kleines Bächlein zu einer Sandstraße (alte Straße Hellmonsödt – Reichenau).

Vorher am Bach ist es meist etwas sumpfig, weshalb ein Ausweichen ein Stückchen nach links in den Wald hinein empfehlenswert erscheint.

Auf zum Wanderzentrum Zwettl a. d. Rodl – einer Linzer Seniorengruppe auf großer Wanderschaft.

Auf der alten Sandstraße gehen wir links bis zu einer Forststraße, die links tiefer in den Wald hineinführt.
Nicht nach links auf dieser Forststraße (wo man über den Weg Nr. 88 auch nach Reichenau gelangen könnte), sondern nach rechts führt unser Mittellandweg weiter nur wenige Schritte zur asphaltierten Straße Hellmonsödt – Reichenau. Auf dieser geht es etwa 100 m nach links abwärts bis zur Einmündung einer Sandstraße. Hier steht ein Wegweiser mit der Aufschrift „Schloß Reichenau". Wir zweigen nach rechts auf diese Sandstraße ab und stehen bald nach Durchschreiten eines Linksbogens und entlang einiger Wochenendhäuser vor der *Ruine Reichenau.* (Gehzeit ab Dreiegger Wald in Obersonnberg ca. ¾ bis 1 Stunde.)

Hier stoßen wir auf die Wegmarkierungen Nr. 81 und 82, Weixelbaumerhügel – Wirth bzw. Baumgarten – Steinbach, Weg Nr. 80, durch den Breitlusserwald nach Hellmonsödt, und Weg Nr. 162, über Freilichtmuseum Pelmberg zum Weg Nr. 160, Hellmonsödt – St. Magdalena – Linz.

Unmittelbar vor der Ruine wenden wir uns scharf nach links und wandern gemeinsam mit den Wegmarkierungen Nr. 80, 81, 82 und 162 steil abwärts durch den Wald bis zu den ersten Häusern von Reichenau und weiter auf einem schmalen, asphaltierten Ortschaftsweg zum Marktplatz von *Reichenau,* den wir beim Gasthof „Post" erreichen.

Wieder weisen hier mehrere Markierungen auf lohnende Wanderungen, die wirklich empfehlenswert sind, hin, wie links Weg Nr. 88, Ramberg – Ritsteiger bzw. Zeil – Habruck, oder Weg Nr. 89, Zeil – Dreiegg – Dreiegger Wald – Habruck, oder rechts Weg Nr. 85, Haibach – Baumgarten – Steinbach – Gallneukirchen.

Wir aber müssen heute weiter, denn unser Etappenziel liegt noch ein gutes Stück Weges vor uns. So schlendern wir die Ortsstraße abwärts, an der Kirche vorbei, und knapp dahinter links aufwärts auf einem schmalen, asphaltierten Ortschaftsweg zum Gasthof Seyrlberg.

Rechts lädt der Wanderweg Nr. 94 ein zu einem Ausflug über den Affenberg und Mistelbach nach Wintersdorf, oder von dort auf Weg Nr. 93 weiter ins Gusental und nach Baumgarten bzw. von Wintersdorf mit Weg Nr. 95 über Haid zum Helmetzedterberg.

Schloß Reichenau wurde 1315 von Weikhart dem Marschalk (urkundlich auch Waither dem Marschalch) anstelle einer älteren passauischen Wehranlage (Zehentkasten) – vermutlich 1209 von einem Passauer Ministerialen, Salman de Richenowe, der ursprünglich seinen Sitz im Dorf errichtet hatte – neu erbaut. Nach dem Aussterben der Marschalken kaufte die Freistädter Bürgerfamilie Röttl die Burg und erhielt 1569 vom Passauer Bischof den Lehensbrief. Bereits 1590 ging die Burg in den Besitz des Joachim Stägl zu Waldenfels über und wurde im Dezember 1634 von Heinrich Wilhelm Starhemberg käuflich erworben.

Seit über drei Jahrzehnten ist die heutige Ruine bereits dem Verfall preisgegeben. Inmitten der von der alten Wehranlage stammenden Umwallung stehen die Reste der Burganlage U-förmig um einen Innenhof mit quadratischen Brunnen aus Granitplatten. Vermutlich 1521 wurde erst die Ringmauer aufgeführt. Das Hauptgebäude ist noch überdacht und zeigt einen vorgesetzten interessanten gotischen Treppenturm. Im Inneren ist jedoch alles in sich zusammengestürzt und lediglich an einer Stelle der Quermauer sind noch farbige Figuren- und Wappenfresken erkennbar. Der linke Trakt ist völlig verfallen, und das Betreten der Schutt- und Trümmerhaufen ist auf jeden Fall zu unterlassen. In der Nordostecke stand die netzrippengewölbte Burgkapelle – heute leider gänzlich verfallen. Der Zugang zum Innenhof befindet sich an der Südseite, und zwar durch den Bergfried.

Nach frohen Wanderstunden
freut sich auf Ihren Besuch die
direkt am Wanderweg gelegene

Gasthof - Pension Seyrlberg

Eduard Rohrmanstorfer
Reichenau, Tel. 0 72 11/202

Beliebtes Speiselokal und
Jausenstation, Grill- und Hausspezialitäten, Schonkost,
Kindermenü.
Ganztägig warme Speisen.
Eigener Kinderspielplatz.
Preiswerte Übernachtungen.

Die Ortschaft Reichenau wird erstmals urkundlich 1310 gemeinsam mit Burg und Herrschaft als passauisches Lehen genannt. Der heute recht ruhige und freundliche Ort wurde 1639 zum Markt erhoben. Die Pfarrkirche – ursprünglich als Taufkapelle am Rande des Nordwaldes, später Filiale von Gallneukirchen – wird ebenfalls bereits 1310 genannt. Sie besteht heute aus einer zweischiffigen Langhaushalle, netzrippengewölbt, und dürfte nach 1500 ihr heutiges Aussehen erhalten haben. Der heutige Turm wurde jedenfalls erst 1881–83 erbaut. Sehenswert ist südwestlich von der Kirche die um 1639 errichtete Prangersäule, die 1889 auf ihren heutigen Platz verlegt wurde.

Reichenau, bäuerlicher Markt und Treffpunkt der Wanderer im mittleren Mühlviertel.

Der Mittellandweg Nr. 150 führt uns auf dem asphaltierten Weg vom Gasthof Seyerlberg zunächst zum Ortsende von Reichenau, wo wir auf die Straße Reichenau – Ottenschlag – Hirschbach treffen und auf dieser nach links weiterwandern. Nach etwa 500 m biegen wir nach rechts auf einen steilen Waldweg ab, überqueren den Güterweg nach Wintersdorf und gelangen geradeaus weiter zu einem Waldrand hinauf.
Kurz vor der Abzweigung von der Straße weg könnte man scharf links ab über Herndlsberg – Grasbach auf den Weg Nr. 162 und nach Lichtenstein und Schenkenfelden kommen. Geradeaus bzw. halblinks führt die Markierung Nr. 96 über Brunnfeld nach Ottenschlag und weiter nach Hirschbach (Weg 98) oder von Ottenschlag auf dem Weg Nr. 96 zum Helmetzedterberg. Rechts geht es beim erwähnten Güterweg auf Weg 94 über den Affenberg zurück nach Reichenau oder auf dem Güterweg weiter nach Wintersdorf.
Nach dem Waldrand nimmt uns sehr bald ein schöner Waldweg auf, dem wir zunächst steil aufwärts, dann flacher durch den Hochwald folgen. Dann geht es durch ein Stück Jungwald und schließlich fast eben durch Hochwald hinaus zum Güterweg Zollerberg, auf den wir nach links einbiegen.
Hier zweigt nach links der Weg Nr. 96 (Zollerberg – Ottenschlag) ab.
Gemeinsam mit einer alten blauen Markierung erreichen wir nach etwa 400 m Güterweg eine Güterweggabelung.
Links auf dem Güterwegast führt die Markierung Nr. 93 nach Ottenschlag weg; nach rechts, in den Wald hinab, weisen originelle Wegweisertafeln des Verschönerungs- und Fremdenverkehrsvereins Reichenau nach Baumgarten und ins Gr. Gusental (ebenfalls Weg Nr. 93).

Das Tal der Gusen,
Wandererlebnis und Erholung in unberührter Natur.

Der Mittellandweg verläßt den Güterweg und führt über Wiesen direkt geradeaus auf den nächsten Hof von Zollerberg zu und bei diesem geradeaus hinab zu einem alleinstehenden Haus, neben dem ein schönes Steinmarterl zu finden ist. Es geht noch immer geradeaus auf einem Wiesenweg in eine kleine Bachsenke hinein und aus ihr – mit einem Rechtsbogen – durch Wald ziemlich steil hinaus zur Straße Ottenschlag – Wintersdorf – Alberndorf, der wir einige Meter nach rechts folgen. Wir haben hier die ersten Häuser der Ortschaft *Eggerling* erreicht.

In Eggerling bleiben wir nur einige Meter auf der vorgenannten Straße und wandern dann links auf dem asphaltierten Güterweg nach Helmetzedt zunächst rund 500 m durch den Wald aufwärts, dann noch weitere 400 m auf dem Güterweg durch eine steinige Hochheide bis zum obersten Haus von *Haid*.

Von hier aus könnte man dem Weg Nr. 95 nach Wintersdorf folgen und von dort auf Weg Nr. 91 weiter ins Große Gusental wandern.

Einige Schritte links ab von der Straße erreicht man eine markante Wegkapelle – ein willkommener Rastplatz, zumal man bereits gute 1 ½ Stunden von der Ruine Reichenau bis hierher unterwegs war.

Eine Stichmarkierung (Nr. 95) führt nach links von der Kapelle weg auf einem Wiesenweg in den Wald zum Gipfel des Helmetzedterberges (924 m), doch gibt der dichte Wald keine Aussicht frei, weshalb auch der Mittellandweg Nr. 150 den Berg umgeht.

Von der Kapelle erreichen wir rechts auf einem Wiesenweg bald die Ortschaft *Helmetzedt*. Auf dem asphaltierten Güterweg in der Ortschaft halten wir uns links (in Richtung Ottenschlag) und biegen nach etwa 300 m wieder rechts auf einen Wiesenweg ein, um in einem leichten Rechtsbogen einen Waldrand zu erreichen. Hier halten wir uns geradeaus auf einem Wiesenweg, ziemlich parallel mit dem Güterweg Helmetzedt – Stiftung, gehen fast eben auf einem Wiesenweg zwischen Steinmauern hindurch, bis wir plötzlich die erste Ortschaft im Bezirk Freistadt, nämlich *Stiftung,* vor uns liegen sehen.

Rechts hinab, zwischen den Häusern hindurch, erreichen wir den zuvor genannten Güterweg wieder, dem wir etwa 200 m nach links abwärts folgen. Ab hier ändert der Mittellandweg seine vorwiegend west-östliche Richtung und dreht nach Südost, später sogar streckenweise nach Süd.

Es geht am Fuße des Kirchberges (852 m) auf einem rechts abzweigenden Wiesenweg zu einem Waldstück weiter und auf einer Lichtung über eine neuerliche Abzweigung wieder nach rechts. Schließlich erreichen wir nach einigen Kehren abwärts ein kleines Tal mit der Ortschaft *Lamm* (Gemeinde Neumarkt i. M.), wo wir vorbei an der aufgelassenen ehemaligen Volksschule etwa 400 m auf dem nach Neumarkt führenden asphaltierten Güterweg nach links (in Richtung Neumarkt) weitergehen und bei einem kleinen Haus, noch vor einer Güterweggabelung nach rechts abbiegend, zunächst einen Bach überqueren und dann auf einem Feldweg ziemlich steil aufwärts und etwas später ebenso steil auf einem scharf rechts abzweigenden Wiesenweg ein alleinstehendes Wochenendhaus erreichen. Ab hier geht es nach links ziemlich eben zu einem abseits stehenden „Häusel" und an diesem vorbei auf einem Fahrweg durch Buschwerk und endlich mit einem Rechtsbogen entlang eines Waldrandes wieder einmal bergauf. Bei einem Waldeck erblicken wir das Feuerwehrdepot der Ortschaft *Baumgarten* und halten auf dieses zu. (Gehzeit Kapelle in Haid – Helmetzedt bis Baumgarten ca. 1 Stunde.) Am danebenstehenden Bauernhaus links vorbei, betreten wir bald einen asphaltierten Güterweg und wandern etwa 600 m auf diesem gemütlich abwärts, bis zur Einmündung in den Güterweg Stiftung – Schall – Schallersdorf – Trosselsdorf.

Vom letzten Stück Weg aus, bietet sich uns ein herrlicher Weitblick über das Hügelland des unteren Mühlviertels in Richtung Kleine Gusen und Neumarkt im Mühlkreis. Daß sich von zahlreichen höhergelegenen Stellen des Weges bisher überall dort, wo der Blick nach Süden frei war, bei klarem Wetter fast der gesamte Alpenkamm mit seinen teilweise verschneiten Gipfeln immer wieder zeigte, habe ich absichtlich verschwiegen. Es sollte eine Überraschung und die Entschädigung für den an und für sich recht langen Weg darstellen!

Auf dem Güterweg gehen wir an den Häusern von *Schall* vorbei und biegen nach rund 400 m links auf einen abwärtsführenden Wiesenweg ab und gelangen in weitem Linksbogen durch eine flache Mulde zum nächsten Waldstück. Bei der Wegteilung wählen wir hier den mittleren Pfad. Schattiger Hochwald nimmt uns wohltuend auf. Auf einem romantischen, etwas verwachsenen Waldweg, erst eben, dann nach einem Rechtsbogen bergab, später durch dichten Jungwald und Gestrüpp hinunter, kommen wir – uns links haltend – ins Tal der Kleinen Gusen. In einiger Entfernung liegt hier am Fluß eine Mühle, neben der sich ein schöner und einsamer Badeplatz anbietet.

Nachdem wir den Wald verlassen, geht es in einem Linksbogen über eine Wiese weiter abwärts, dann nach rechts durch eine Art Hohlweg und über ein Bächlein, an einem etwas desolaten Bauernhof vorbei und schließlich zur Abwechslung wieder einmal auf die nächste Anhöhe hinauf. An dem hier oben stehenden stattlichen Gehöft wandern wir rechts vorbei in eine flache Wiesenmulde hinunter und auf einem Feldweg wieder ansteigend zum asphaltierten

Wegweiser am Helmetzedterberg –
Verirren am Mittellandweg einfach unmöglich.

Mittelland-Wanderweg 150

Helmetzedt 10 Minuten

Wintersdorf ½ Std. 95

nach: Tiefenmühle
Reichenau

Helmetzedter-Berg 95

nach: Ottenschlag, Hirschbach,
Reichenau

Haid

Helmetzedterberg – Helmetzedt –
Trasselsdorf – Hst. Selker – Reichenstein
150

ÖAV S. Linz, Ogr. Zwettl, FVV Reichenau

Güterweg Schall und auf diesem nach links zu den Häusern von *Trosselsdorf.*
Vom zuvor genannten Feldweg aus konnten wir auf Neumarkt i. M. blicken. Weniger anregend wirkt hingegen eine Müllablagerungsstätte neben dem Weg.
Auf der Asphaltstraße nach links betreten wir Trosselsdorf und erreichen, an einigen Häusern vorbei und rechts –, rückläufig über eine Stiege hinab, die Straße Neumarkt – Alberndorf an jener Stelle, wo diese eine rechtwinkelige Kurve macht. Genau an dieser Ecke steht das *Gasthaus „Zum Grünen Kranz"* – unsere Wegkontrollstelle. (Gehzeit Baumgarten – Trosselsdorf ca. ¾ bis 1 Std.)
Hinweis: Das Gasthaus „Zum Grünen Kranz" ist ein bescheidenes Dorfwirtshaus. Sie werden sehr freundlich von den Gastwirtsleuten aufgenommen, doch empfiehlt es sich, falls Sie hier übernachten wollen, dies telefonisch mit dem Wirt zu vereinbaren. Nachdem zur Übernachtung derzeit nur ein Fremdenzimmer zur Verfügung steht, kann der Gastwirt, soferne er vorher informiert wird, Privatzimmer im Ort oder letzten Endes drüben in Neumarkt für Sie vorbestellen.
Vergessen Sie aber auf keinen Fall auf den Wanderstempel!

Zusammenfassung 3. Wegetappe:
Im unteren Mühlviertel

Weglänge:
Etwa 24 km bzw. 22 km ab Zwettl a. d. Rodl (geschätzt!).

Gehzeit:
Rund 5 bis 6 Stunden.

Höhenangaben:
Rodltal 616 m, Dreiegg-Wald 840 m, Große Gusen 667 m,

Kapelle am Helmetzedterberg ca. 850 m, Lamm 559 m, Baumgarten 650 m, Kleine Gusen 500 m, Trosselsdorf 560 m.

An- und Abreise:
Zu und von den beiden Etappenzielen bzw. Etappenenden nur Autobusverkehr.

Kontrollstelle:
Miesenbergers Gasthaus „Zum Grünen Kranz", 4212 Neumarkt i. M., Trosselsdorf 9, Telefon 0 79 41 / 217.

4. Zwischen Gusen und Naarn

Die vierte Wegetappe: Trosselsdorf – Bad Zell

Der Wegverlauf

Nach dem Haus gegenüber unserer Kontrollstelle (Miesenbergers Gasthaus „Zum Grünen Kranz") führt uns der Mittellandweg Nr. 150 von der Straße nach Alberndorf schräg links ab und auf eine Böschung hinauf. Hier biegen wir im rechten Winkel wieder nach links ab und kommen entlang einer Obstbaumallee in ein Waldstück, in dem wir uns bei einer Wegkreuzung rechts halten, um uns auf dem Waldweg am Hang eines kleinen Bachtales zunächst bachaufwärts, später bei einer Abzweigung auf einem stark verwachsenen Steig (Abzweigung ist etwas schwer zu finden) direkt hinunter zum Bach zu wenden.

Wir überqueren den Bach und steigen am anderen Ufer hinauf, wo wir einen von links heraufkommenden Weg erreichen, dem wir weiter aufwärts, nach rechts, folgen und so aus dem Wald hinaus und zu einigen Bauernhäusern (Puchert) gelangen. Links zwischen diesen Häusern hindurch kommen wir auf einen Fahrweg, der uns nach einem Rechtsbogen geradeaus durch die Ortschaft *Möhringdorf* zum nächsten Wald, wo uns ein Waldweg nach links hinab in das romantische Tal der *Kleinen Gusen* zur *Schermühle* führt.

Bei einem von rechts einmündenden Bachtal könnte man auf einem mit Nummern markierten lokalen Wanderweg nach Willingdorf abzweigen.

Wir aber wandern etwa 10 Minuten lang am rechten Ufer abwärts, an einem *Gedenkstein an die alte Pferdeeisenbahn*

Die vierte Weg-Etappe

vorüber, deren Trasse man hier ungefähr einen Kilometer lang folgt, bis zur *Steinmühle* (Ortschaft Pfaffendorf). Gehzeit bis hierher ca. ³/₄ bis 1 Std.

Wir überschreiten den Fluß auf einer Brücke und wandern nach links auf einem asphaltierten Güterweg etwa 400 m aufwärts, dann auf dem hier nach rechts abzweigenden, ebenfalls asphaltierten Weg bis zu einigen Häusern (der Ortschaft Holzing) am Waldrand. Ab hier geht es wieder in einem weiten Linksbogen leicht ansteigend durch einen Wald. An seinem Ende, wo einige Wochenendhäuser stehen und wir noch eine Wiese überqueren, erreichen wir den nördlichen Rand der Ortschaft *Loibersdorf.* Es geht nach rechts in den Ort hinein. In der Ortsmitte führt uns ein asphaltierter Güterweg nach links auf die *Bundesstraße 125* (Linz – Freistadt), wenige Schritte neben der Postautobushaltestelle. Wir verfolgen die Bundesstraße nach rechts, in Richtung Linz, nur wenige Meter bis zu einem kleinen Haus, das rechter Hand steht, biegen hier nach links ab, kommen in ein Waldstück und danach links auf einem von der Freistädter Straße abzweigenden Güterweg nach rund 800 m zur Straße Neumarkt – Hagenberg – Pregarten, unmittelbar bei einem Gasthaus in der Ortschaft *Niederaich.* (Gehzeit ab Gusental ca. 1 Stunde.)

Der Mittellandweg Nr. 150, der zuletzt ziemlich lange fast in südlicher Richtung verlaufen ist, hat bereits bei der zuvor genannten Bundesstraße 125 (Linz – Freistadt) wieder seine übliche West-Ost-Richtung eingenommen.

Wir überqueren die Hagenberger Straße und wandern noch etwa 500 m auf einem asphaltierten Güterweg geradeaus weiter zu den Häusern von *Oberaich,* wo wir bei einer Linksbiegung noch ca. 200 m weiter auf der Straße bleiben

Neumarkt i. M. – Die einmalige Fernsicht war schon für die befestigten Anlagen der frühen Siedlungszeit von großer Bedeutung.

und dann bei einer asphaltierten Hauszufahrt nach rechts hin, der Brücke über den Visnitzbach zustreben. Nach der Brücke geht es bergauf, direkt auf den Rand des Veichter Waldes zu, an einem schönen Rastplatz vorbei und in den Wald hinein. Nach Verlassen des Waldes geht es über einen angenehmen Wiesenweg zum westlichsten Haus der Ortschaft *Schmidsberg*. Auf der asphaltierten Hauszufahrt kommen wir in einem großen Bogen hinunter zur Straße Hagenberg – Veichter und gehen auf dieser nach rechts abwärts, südlich in Richtung Veichter. Nach etwa 350 m erreichen wir den nächsten Hof und halten uns links, um hier auf den asphaltierten Güterweg Mahrersdorf zu stoßen. Auf diesem wandern wir rund 800 m weiter und wenden uns beim ersten Bauernhof zunächst nach links, dem Gehöft zu, und dann gleich wieder nach rechts, um auf einem Fahrweg durch ein Waldstück hinab zur *Feldaist* zu gelangen, die wir auf einer Brücke überschreiten.

Unweit von hier, dort, wo man auf den von der Wintermühle aistaufwärts führenden Zufahrtsweg stößt, erreichen wir den Bahndamm der Linie Linz – Freistadt – Summerau – Grenze CSSR. Nun geht es erst einige Schritte nach links aistaufwärts, dann rechts durch den Bahndurchlaß hindurch und gleich wieder nach links, einige Stufen hinauf. Wir stehen am Bahnsteig der *Eisenbahnhaltestelle Selker*. (Gehzeit ab Niederaich ca. 1 Std.)

Der Mittellandweg Nr. 150 wird hier vom Aisttalweg Nr. 170 des Touristenvereins „Die Naturfreunde" gekreuzt. Nach Süden (rechts) geht er über Pregarten nach Schwertberg und Mauthausen, nach Norden (links) erreicht man auf ihm Kefermarkt, den Braunberg, Liebenau und Karlstift, also den Nordwaldkammweg.

Um auf dem Mittellandweg Nr. 150 zu bleiben, gehen wir am Bahnsteig in Richtung Freistadt weiter, biegen dann auf einen von rechts herunterkommenden Güterweg ein und

wandern über eine Brücke geradeaus weiter auf einem neuen Fahrweg aufwärts.
Hier zeigt uns eine Wegtafel die Richtung nach Reichenstein; ein Wegweiser kündet das Gasthaus Selker an.
Wir wandern über einem Bachtal (rechts) an einem Waldrand mit Sitzbank vorbei, weiter aufwärts über das Fahrwegende hinaus und auf dem fortsetzenden Feldweg, immer leicht bergauf, bis zu einem Bauernhof mit einem großen Silo und einer davorstehenden Linde. Rechts am Haus vorbei, folgen wir dem Fahrweg, biegen nach 50 m rechtwinkelig nach rechts auf einen Wiesenweg ein und halten uns auf den von weitem bereits deutlich erkennbaren Gasthof Postl zu. Wir sind in *Selker* (504 m) und gehen die durch den Ort führende Straße Pregarten – Gutau an der Schule vorbei in Richtung Gutau entlang, bis etwa nach 90 m eine Straße links nach Kefermarkt abzweigt. Bei einer rechter Hand befindlichen neuen Kapelle an dieser Abzweigung schwenken wir nach rechts auf den asphaltierten Güterweg Selker ein und wandern leicht abwärts in eine Bachmulde, dann wieder aufwärts an einem rechts stehenden Bauernhof vorüber und wieder eben an dem gleichfalls rechts liegenden Waldstück entlang, einige Hofzufahrten querend, immer auf dem Güterweg. Bald erreichen wir eine Güterwegkreuzung und wir gehen geradeaus weiter. Ab hier heißt der Weg „Güterweg Gaisruckdorf".
Es geht leicht abwärts. Nach einer Rechtskehre bei einem Waldstück treffen wir rechts auf das erste Haus von *Gaisruckdorf* (Gemeinde Gutau). Hier kommen der Weg Nr. 23 und ein älterer, blau markierter Pfad von Gutau herüber. Wir biegen nicht nach rechts ab, sondern bleiben noch immer auf dem nicht enden wollenden asphaltierten Güterweg und stapfen geradeaus weiter, an einem Bauernhof mit Kapelle unter zwei großen Nußbäumen (linker Hand) vorbei, gehen einen weiten Rechtsbogen aus, nicht links zum Ge-

höft hinauf, sondern gerade abwärts, bis wir schließlich beim Haus Gaisruckdorf Nr. 1 (ca. 480 m Seehöhe) gemeinsam mit Weg Nr. 23 nach rechts den über 3 km langen Güterweg bei einem Wegweiser nach Reichenstein verlassen dürfen. Gleich nach dem Hof, bei dem wir die lange Güterwegstrecke hinter uns gebracht haben, müssen wir nach dem Rechtsabbiegen sofort wieder scharf nach links auf einen Wiesenweg abzweigen, der zunächst leicht abwärts, dann fast eben weiter und später nach rechts zu einem Waldrand führt. Hier bietet sich uns ein schöner Rastplatz an, von dem wir einen herrlichen Ausblick in das tief eingeschnittene Tal der Waldaist genießen können.

Es geht dann am Waldrand entlang und nach einem Hochstand in den Wald hinein. Immer steiler führt der Waldweg abwärts, und nach einem Rechtsbogen stehen wir dort, wo wir den Wald verlassen, direkt am ehemaligen, derzeit bewohnten Vorturm der *Burgruine Reichenstein*. Rechts vom Turm vorbei führt der Weg in die Ruine hinein, an der erhaltenen Schloßkapelle vorüber, unmittelbar vor dem Ruinentrakt nach rechts über mehrere Steinstufen hinab, dann nach links auf einem schmalen Weg zu einem kleinen asphaltierten Fahrweg, und nach einigen Schritten auf diesem zur Aisttalstraße, gegenüber vom Gasthof Eibensteiner.

Hier erlauben wir uns, eine etwa 15 bis 20 Minuten kürzere Wegvariante mit weniger Güterwegen vorzuschlagen: Von der Haltestelle Selker geht es auf einem alten, rot-weiß-rot markierten Weg (Markierung nur noch teilweise erkennbar, jetzt Güterweg) in einer Kehre hinauf zur Ortschaft Wögersdorf, auf dem Güterweg durch diese hindurch und zur Straße Gutau – Pregarten. Auf diesem stark frequentierten Verkehrsweg weiter nur 500 m abwärts in Richtung Pregarten bis zur nächsten großen Rechtskurve, wo nach beiden Richtungen seitlich Güterwege abzweigen. Wir gehen nicht nach rechts zur Wintermühle, sondern nach links auf dem Güter-

weg nach Kirchmaierdorf, und schon nach einigen Schritten von diesem wieder nach rechts ab und in den Wald hinein. Weiter oben überqueren wir einen Güterweg und gehen auf der Hauszufahrt zu einer Häusergruppe (Hainberg, Kote 527) direkt auf diese zu, zwischen den Gebäuden hindurch, geradeaus (nicht nach rechts) zum nächsten Waldstück.
Ein ziemlich steiler Weg führt uns abwärts in ein Bachtal. Wir überschreiten den Bach und wandern dann nach rechts talauswärts, stets leicht bergab. Der Bach wird zweimal überquert. Schließlich kommt man an einigen Häusern vorbei und erreicht das Waldaisttal unterhalb der Burgruine Reichenstein auf einer Asphaltstraße, zu der der Mittellandweg Nr. 150 von der Burg von links herabkommt.

Wir sind im *Ort Reichenstein* (348 m). Etwa 30 m aistaufwärts links, ladet der schöne Gastgarten von Schmitt's Hoftaverne ebenso zum Verweilen ein wie auch ein beliebter Badeplatz. Der Fluß wird auch wegen seines dunkelbraunen, eisenhältigen und dennoch klaren Wassers die „Schwarze Aist" genannt. (Gehzeit ab Gasthof Selker zirka 1 bis 1 $^{1}/_{4}$ Stunden.)

Die ursprüngliche, kleine Burg Reichenstein stand auf dem schmalen, in das Tal vorstehenden Felsriegel hoch über dem Fluß. Erstmals 1230 urkundlich als Besitz des Fridericus de Richenstein erwähnt, wurde sie später landesfürstliches Lehen. Im Jahre 1567 erstand der aus der Steiermark stammende Ritter Christoph Haim Burg und Herrschaft und begann mit dem Umbau der alten Anlage zu einem beachtlichen Renaissanceschloß. Das Vorhaben verschlang jedoch Unsummen und Haim griff zu ungebührlichen Mitteln, um die erforderlichen Geldbeträge aus seinen Untertanen herauszupressen. Dies und auch der Umstand, daß der Ritter Katholik war, nicht wie der übrige Adel dem protestantischen Glauben angehörte und stets mit allerhand Zwangsmaßnahmen bestrebt schien, seinen Gefolgsleuten den Katholizismus aufzu-

drängen, bewirkte alsbald die offene Auflehnung der Bauern, die von Koloman Kuenringer, Pastor zu Weitersfelden, und dem Bauern Sigmund Gaisrucker angeführt wurden. Gaisrucker soll schließlich 1571 den Ritter hinterrücks ermordet haben. Um die Person dieses Bauern, der oftmals mit Kleists Michael Kohlhaas verglichen wird, entstanden verschiedene Sagen.
So wird u. a. erzählt, daß Gaisrucker aus persönlicher Rache Haim getötet habe, weil dieser den Sohn des Bauern beim Bau des neuen Schlosses lebend einmauern ließ. Allerdings fand man das Kind kurz darauf, vom Blitzschlag getötet, unweit auf einem Feld.
Unter den Erben Christoph Haims hörte die Unterdrückung nicht auf. Er selbst wurde in der Pfarrkirche in Wartberg beigesetzt. Sein prunkvoller Epitaph steht aber heute in der Reichensteiner Schloßkapelle, in der noch heute ständig Messen gelesen werden.
Reichenstein kam 1792 an die Starhemberger, wurde jedoch bald verlassen und dem Verfall preisgegeben.
Von der Schloßanlage stehen heute noch der zuvor erwähnte bewohnte Torquertrakt mit dem fünfeckigen Flankenturm, der noch überdachte linke Wohnflügel des Schlosses mit einem Turm und die im gleichfalls erhaltenen mittleren Turmbau untergebrachte Schloßkapelle mit einem sehenswerten Glasfenster aus dem 14. Jahrhundert und schönem gotischen Kreuzrippengewölbe.
Beachtlich sind die Exponate, die der Schuldirektor Alfred Höllhuber aus Reichenstein nach eingehender langjähriger Durchforschung der Ruine im kleinen Burgmuseum zusammengetragen hat.

Ruine Reichenstein,
Reste einer sagenumwobenen, einst mächtigen Burg.

Von unserem kleinen Abstecher in das „dunkle Mittelalter" kehren wir wieder auf unseren Mittellandweg Nr. 150 zurück und gehen von der Hoftaverne nach rechts, auf einer Brücke über die Waldaist und auf dem Asphaltweg gerade aufwärts, an der Volksschule Reichenstein vorüber und dahinter auf einem Feldweg etwas steiler bergwärts weiter. Dort, wo beim nächsten Haus der Feldweg einen Rechtsbogen macht, zweigen wir nach links ab und wandern auf einem steilen Wiesenweg zum Wald hinauf. Ein schöner, aber steiler Waldweg nimmt uns auf. Bei einem Kahlschlag öffnet sich vor unseren Augen ein eindrucksvoller Tiefblick zurück auf die Burgruine Reichenstein und ihre schöne Umgebung. Nach Überquerung eines breiteren Weges wird unser Pfad immer schmäler und verwachsener. Kniehohe Brennesselstauden mindern etwas die Romantik des malerischen, teilweise talseits mit Holzgeländern gesicherten Steig. Noch einmal bietet sich von weiter oben ein weiter Rückblick, und dann geht es, immer noch steil genug, hinauf zum nächsten Waldrand. Noch einige Schritte nach rechts über eine Wiese hinauf, und wir können unter einer Baumgruppe auf der Anhöhe etwas verschnaufen. Wir stehen hier in zirka 540 m Seehöhe und haben in den etwa 30 Minuten Weges von Reichenstein hier herauf einen Höhenunterschied von fast 200 m bewältigt.

Stolz auf unsere Leistung und wieder bei Atem gehen wir weiter und erreichen hinter der Baumgruppe den Güterweg Haferzeile, dem wir gute 2 ½ km nach links in Richtung Erdleiten folgen. Das Wegschild „2 km Güterweg" untertreibt etwas.

Das nächste Haus, *Knollnhof 10,* lassen wir links liegen und marschieren, alle Wegkreuzungen und Querungen nicht beachtend, zunächst in langem Rechtsbogen, dann immer geradeaus und fast eben, auf dem Güterweg bleibend, bis zum Feuerwehrdepot *Hinterberg.* Nach Süden (im Rückblick!)

haben wir einen herrlichen Fernblick und bei Föhnwetter zeichnet sich, zum Greifen nahe, die ganze Alpenkette mit ihren teilweise verschneiten Gipfeln vom Horizont ab.
Nach dem Depot gelangen wir, links an einem Marterl vorbei, zu einer Güterwegkreuzung. Nach links geht es in den Ort Hinterberg hinein, wir aber gehen geradeaus weiter. Der Güterweg heißt ab jetzt Güterweg „Hinterberg". Fast eben kommen wir am Haus *Schmierreith 16* (links) vorüber, dann geht es leicht bergab zum Waldrand. Von einer Kuppe, die wir nach einer Linkskurve bei einem Waldstück erreichen, sehen wir schon die Häuser von Erdleiten. Knapp nach dem Waldende führt der Güterweg in einem Rechtsbogen hinauf in den Ort. Unser Weg aber zweigt schräg links nach vorne vom Güterweg ab und führt entlang eines Feldes ziemlich stark bergauf zum Gasthof Ratzenböck in *Erdleiten* (598 m). Hier mündet die Straße Gutau – Tragwein ein. Nach ca. 1 ¼ Stunden Gehzeit ab Reichenstein haben wir uns sicher wiederum eine kleine Rast verdient.
Frisch gestärkt gehen wir rechts auf der Straße durch den Ort in Richtung Tragwein, kommen links am „Mühlviertler Berghof" (Fremdenpension), dann rechts an der Einmündung des Güterweges Hinterberg und einer Gemischtwarenhandlung vorbei und zweigen vor der Ortstafel beim letzten Haus im rechten Winkel nach links auf einen Feldrain ab, um fast eben einen Waldrand zu erreichen.
Hier angelangt, wandern wir dem Wald entlang nach rechts, immer leicht aufwärts, und biegen vor einem Kahlschlag mit Jungwald, dort, wo der parallel zur Straße verlaufende Weg in einem Bogen zur Straße zurückführt (aber noch vor dem Jungwald!), schräg nach links in das Dickicht des Hochwaldes ein. Nach abwärts durchschreiten wir das Waldstück und wandern vom Waldrand zwischen zwei Feldern auf einem schmalen Feldrain weiter. Am Ende des Feldes nimmt uns ein Wiesenweg auf und bringt uns nach rechts zum von hier

aus bereits sichtbaren nächsten Bauernhof (Steininger) und an diesem rechts vorüber zu einem asphaltierten Güterweg. Während wir nun nach links auf diesem Güterweg leicht abwärts gehen, erblicken wir in einer langen Rechtskurve schon die Häuser von Bad Zell (früher Zell bei Zellhof), doch sind es noch etwa 400 m auf dem Güterweg hinunter in eine Mulde und dann nach links 100 m auf dem asphaltierten Zufahrtsweg zum Bauernhof Gruber.

Beim Hof endet der Asphaltweg. Wir halten uns zuerst links, dann wieder rechts und kommen so links an dem Gehöft vorbei. Ein Fahrweg führt uns von hier geradeaus abwärts und in einem Linksbogen in den nächsten Wald hinein. Hier geht es auf einem Fahrweg zu einer Wiesenmulde, wo wir den Hinterbach überqueren und nach einigen Schritten geradeaus zunächst aufwärts, dann eben, den Bauernhof *Auer* (Lanzendorf 12) erreichen. Auf dem neuen Zufahrtsweg wandern wir ab hier etwa 100 m links aufwärts zur Straße Bad Zell – Lanzendorf – Gutau, biegen auf dieser dann rechts in Richtung Bad Zell ein und stehen nach 500 m auf einer Kuppe, die uns einen wundervollen Ausblick nach Osten gewährt. Gleich dahinter gabelt sich die Straße bei einem Wegweiser. Im Schatten eines Baumes steht hier eine neue Kapelle mit einer Bank. Geradeaus führt der Weg (Straße) direkt nach Bad Zell (1 km), dessen Kirchturm soeben wieder zwischen den Hügeln hervorschaut.

Wenn Sie es recht eilig haben, dann folgen Sie dieser Straße und werden sehr bald den Marktplatz von Bad Zell erreichen. Dann noch die alte Bundesstraße nach links hinunter, und Sie stehen vor dem Gasthof Haider, unserer Kontrollstelle.

Die schönere Route ist der markierte Mittellandweg Nr. 150. Er führt von der vorgenannten Gabelung nach links, zirka 100 m auf dem asphaltierten Güterweg Aich zum ersten Bauernhaus auf der rechten Seite (Brosen). Vor diesem Gehöft geht es rechts vom Güterweg ab, zwischen

Haus und Wagenschuppen hindurch und gleich dahinter nach rechts über einen Wiesenweg hinunter und in einem Linksbogen zu einem Waldrand. Rechts an diesem entlang, gelangt man jenseits einer Wiesenmulde, parallel zur Straße in Richtung Bad Zell, auf einen Fahrweg und auf diesem in den Wald. Nach links vorwärts zweigt dann ein steiler Waldpfad in ein stark verwachsenes Bachtal ab, das vom vorgenannten Fahrweg gleichfalls, aber in einer großen Schleife, erreicht wird.

Nach einigen Schritten nach links treten wir aus diesem Tälchen heraus und stoßen auf den von links herunterkommenden Fahrweg im Kettenbachtal. Eine rot-weiße Markierung führt hier links weg über Haselbach zur Ruine Prandegg, ein Wanderziel, das Sie sich unbedingt für später vormerken müssen!

Gemeinsam mit dieser Markierung wandern wir heute aber nach rechts talauswärts. Von links her mündet das Tal des Ellerbergbaches ein. Auf der jenseitigen Uferböschung wird die von Schönau nach Bad Zell führende Straße sichtbar. In einem Rechtsbogen verlassen wir das Kettenbachtal, gehen zwischen den ersten Häusern von Bad Zell hindurch und treffen auf die alte Bundesstraße 124 (nach Königswiesen). Rechter Hand wartet der Gasthof Haider (Kontrollstelle) auf jene eifrigen Wanderer, die nur etwa fünf Minuten später als die Straßenmarschierer hier eintreffen.

(Gehzeit ab Erdleiten ca. 1 bis 1 1/4 Stunden.)

Bad Zell (513 m), der jüngste Kurort Österreichs, früher Zell bei Zellhof, wurde erstmals urkundlich 1208 genannt. Der so emsig wirkende liebliche Ort erhielt die Marktrechte zwischen 1220 und 1240.

Das heilkräftige Wasser des ,,Hedwigbrünndls'' ist seit dem 15. Jahrhundert bekannt, doch ist erst in unserem Jahrhundert durch die Aufschließung zweier sehr ergiebiger Quellen die Aufnahme eines regulären Badebetriebes möglich gewor-

den. Das Radonheilbad – es gibt nur insgesamt zwei solche in Österreich – wird von Rheuma-, Ischias- und Gichtkranken aufgesucht, zeigt aber auch ausgezeichnete Heilerfolge bei Kreislauf- und Frauenkrankheiten.

Die vermutlich aus der zweiten Hälfte des 14. Jahrhunderts stammende Pfarrkirche (hl. Johannes der Täufer) weist mehrere Baustilepochen auf. Bemerkenswert ist aber das schöne Schlingrippengewölbe im Emporeteil, vermutlich vom gleichen Meister wie das Langhaus der Kirche zu Königswiesen. Der Pranger am Marktplatz stammt aus dem Jahre 1574.

Der Name Bad Zell kommt vom lateinischen Cella, was gleichbedeutend mit „kleiner Kirche" ist, bei der sich eine Unterkunft für reisende Mönche befand. Um 1400 erlebt der Markt seine Blütezeit, verarmt in der Folge jedoch, weil das Unheil geschichtlicher Ereignisse nicht spurlos vorbeiziehen kann. Böhmeneinfälle, Einquartierungen und Plünderungen fremder Soldaten, Brände, Pest, Gegenreformation, der Dreißigjährige Krieg und vieles mehr brausen über den Ort. Es ist hochinteressant in der Ortschronik zu blättern: 11. bis 28. Jänner 1611 plündern die aus Pregarten und Perg hereinziehenden hungernden Scharen des „Passauer Kriegsvolkes" den Ort, bis sie nach Norden weiterziehen. 1615 brennen 37 Häuser ab, zufolge eines einzigen unvorsichtigen Büchsenschusses. 1683/1684 droht die Türkengefahr und einquartierte Soldaten bringen eine furchtbare Seuche mit. 70 Jahre hindurch war Bad Zell lutherisch. Nach der Gegenreformation rächte sich die katholische Geistlichkeit recht ungebührlich an der Bevölkerung. Anfang des 18. Jahrhunderts fanden die letzten Hexenprozesse statt. „7. 11. 1730: Die alte Wagenlehnerin wird auf dem Weg zur Richtstätte beim Geroltslehnergut zweimal mit glühenden Zangen in die Brust ge-

Mühlviertler Marterl (bei Zellhof), urwüchsig, eigenartig und steinalt.

zwickt, auf der Richtstätte hackte man ihr die rechte Hand ab, sodann wurde sie erdrosselt und auf dem Scheiterhaufen verbrannt. Die Asche wurde in den Wind gestreut. Andere enthauptete man oder sie starben in den Gefängnissen, wie Matthias Grillnberger."
1770 brennt die Hälfte, 1800 der ganze Markt außer der Kirche, dem Pfarrhof und der Schule ab.
1805: Großes Franzosenlager bei Zellhof; und wiederum marschierten Truppen durch den Ort: 1805 nach Austerlitz und 1809/1810 nach Aspern.
Jedenfalls ist Bad Zell ein Ort auf geschichtlichem Boden, und um von dem Grausen vergangener Jahrhunderte in die Gegenwart, die uns ja doch viel humaner scheint, zurückzukommen, fragen wir Sie, ob Sie schon in einem Gasthof mit Geschichte, in einem Gasthof, der seit genau einem halben Jahrtausend besteht, zu Tisch gesessen sind? Wenn nicht, so suchen Sie doch die „Hoftaverne" in Bad Zell auf, ein ausgezeichnet geführter Gasthof mit mehr als Tradition. (Erbaut 1477.)

Zusammenfassung 4. Wegetappe: Zwischen Gusen und Naarn

Weglänge:
Etwa 27 km (geschätzt!).

Gehzeit:
6 bis 7 Stunden.

Höhenangaben:
Trosselsdorf 560 m, Kleine Gusen 450 m, Loibersdorf 530 m, Visnitzbach 465 m, Schmidsberg 517 m, Feldaist

428 m, Selker 504 m, Reichenstein Ort 348 m, Erdleiten 598 m, Bad Zell 513 m.

An- und Abreise:
Zu und von den beiden Etappenenden nur Autobusverkehr.

Kontrollstelle:
Gasthof Haider, 4283 Bad Zell 41, Telefon (0 72 63) 277.

5. In den Strudengau

Die fünfte Wegetappe: Bad Zell – Waldhausen

Der Wegverlauf

Wir verlassen die Kontrollstelle im Gasthof Haider auf der alten Bundesstraße 124 nach links, gehen über die Brücke und gleich darauf nach rechts zum Parkplatz beim Sportplatz und schließlich nach links hinaus zur Umfahrungsstraße, die wir schräg nach links überqueren, um auf einem Feldweg hinauf und vor dem ersten Neubau rechts einen steilen Wiesenweg aufwärts zu wandern. Auf halber Höhe geht es unterhalb einer Wiesenböschung nach links zu einer Birkengruppe, zunächst parallel zum Waldrand, dann rechts aufwärts zum Wald. Von einem schönen Rastplatz mit Bänken schauen wir noch einmal auf Bad Zell zurück und gehen auf einem Feldweg in den Wald hinein. Bei der ersten Weggabelung halten wir uns rechts. In einem Linksbogen durchschreiten wir den Wald am *Hang des Grünberges* und halten uns nach dem jenseitigen Waldrand zunächst leicht aufwärts, dann hinunter, auf einen Bauernhof zu. Vor dem Haus geht es jedoch nach links und ziemlich steil auf einem Feldweg hinauf auf den Hügel. Hier oben steht ein Gehöft mit einem großen Kastanienbaum davor (knapp unter Kote 630 – *Baumberg).* Wir kommen nach links an einer Kapelle mit Steinbank vorbei und lassen den sich uns hier bietenden weiten Rundblick auf uns einwirken. Auf dem Fahrweg geht es dann leicht abwärts zu einem linker Hand liegenden Haus und einem größeren Gehöft. Bemerkenswert ist zur Linken das eigenwillige Steinmarterl mit dem Aufbau aus Granitkugeln. Wir haben die *Ortschaft Zellhof* erreicht. Vor uns erhebt sich die kegelförmige *Waldkuppe des Puchberges*

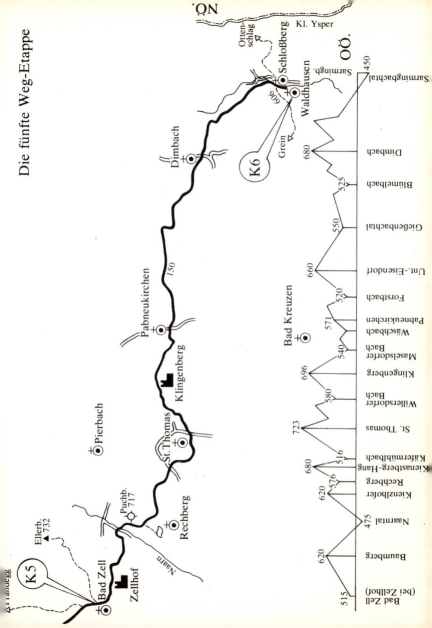

(726 m), *jenseits des Naarntales.* Es geht links am Hof vorbei, dann in einem Rechtsbogen leicht abwärts und auf einem asphaltierten Güterweg bis zu einer Trafo-Station. Hier biegen wir nach links auf einen von rechts kommenden größeren Güterweg ein. Unmittelbar vor uns, etwas rechts, liegt *Schloß Zellhof.* Vorher kommen wir noch an dem linker Hand liegenden Gasthof Langthaler vorüber und wandern nicht auf der Zufahrtsstraße zum Schloß hin, sondern links an diesem vorbei.

Die Halbruine des Zellhofes war ursprünglich ein dreiflügeliger Bau. Heute steht eigentlich nur noch der rechte Trakt und die Hälfte der Kapelle. Die Anordnung der Gebäude läßt das Vorhandensein einer Wehranlage nicht erkennen.

Die Zellhofer werden bereits 1303 bekundet, und es ist ziemlich sicher, daß zu dieser Zeit hier lediglich ein gefreiter Hof und keine Burg oder Schloß stand. Die Jörger erstanden 1607 den Zellhof (Hof bey Celle) und erbauten an dieser Stelle erst in den Jahren 1618 bis 1622 das Schloß. 1631 verkaufte Johann Maximilian Jörger nach der Gegenreformation seine Besitzungen an Gotthard von Scherffenberg. Das nun mit der Herrschaft Prandegg vereinte Schloß Zellhof wechselte darauf häufig den Besitzer (die Starhemberger, die Salburger und Michael Fink), bis 1823 das Anwesen unter die Herrschaft der Herzöge von Sachsen-Coburg-Gotha geriet und der noch heute bestehenden Verwaltung in der Greinburg unterstellt wurde.

Nach dem Ende des Güterweges zweigen wir nicht links ab, sondern gehen geradeaus weiter auf einem Feldweg durch ein Waldstück. An dessen Ende fällt unser Blick nach links in das liebliche *Naarntal.* Beim nächsten Haus (Zellhof 13)

Das Naarntal,
wildromantisch und fast „alpin".

kommen wir, zuerst scharf rückläufig nach links einschwenkend, bergab, dann über einen Rechtsbogen in eine Wiesenmulde und dieser entlang weiter, schließlich durch Dikkicht einem Bach entlang abwärts, dann durch Jungwald steil hinunter ins Naarntal, das wir knapp unterhalb des Zusammenflusses der Kleinen und Großen Naarn erreichen. Jenseits der Straße winkt ein originelles Gasthaus (Zellhof 12), R. u. L. Glinser, mit einer alten Bauernkegelbahn, Fremdenzimmern und guter Küche. Am Wehr für das zum Wirtshaus gehörende Sägewerk bietet sich ein schöner Badeplatz mit Liegewiese an. Von der Kontrollstelle in Bad Zell bis hierher zur *Raab-Mühle* haben wir etwa eine Stunde gebraucht.

Wir wandern vom Zellhof-Weg schräg nach rechts über die Straße zur Naarn, auf einer Holzbrücke hinüber und schließlich am linken Ufer abwärts. Wo der Weg etwas zu steigen beginnt, fängt das Flußbett an steinig zu werden. Wir wenden uns vom Fluß ab und halten uns geradeaus aufwärts am *Hang des Puchberges*. Ein Kahlschlag gibt den Blick zurück frei, und wir sehen auf die unter uns schäumenden Wasser der Naarn hinunter. Rasch aufwärts führt uns ein herrlicher schattiger Weg durch Hochwald. Nach einem kleinen Bach erreichen wir eine Waldwiese, die wir nicht gerade, sondern in einem Linksbogen aufwärts überschreiten und am Waldrand im Bachtal auf eine Forststraße stoßen. Nachdem wir den Bach neuerlich nach links überquert haben, geht es, entweder in einem Rechtsbogen oder diesen abschneidend und dem alten Weg am Waldrand weiter folgend, auf das nächste Haus zu. Vor diesem verlassen wir den alten Weg und erreichen nach links mit wenigen Schritten die Forststraße. Hier beim Haus Puchberg 5 können wir unseren Durst löschen, denn ein Brunnen mit Grander spendet das frische, köstliche Naß. Ein Wegweiser kündet den Wanderweg zur Pammerhöhe an. Zu unserer Linken erhebt sich ganz nahe der Puchberg, auch Gupfwald genannt, über dem Grün der anderen Hügel.

Auf der leicht steigenden Straße geht es vom Haus weg geradeaus, zwischen steinigen und steilen Leiten, weiter. Mühsam muß hier der Bauer dem kargen Boden die Frucht abringen. Auf einem baumbestandenen Hügel rechts oben liegen riesige Granitblöcke – ein Naturdenkmal.

Wir bleiben auf der neuen, etwas sonnigen und ansteigenden Straße und kommen nach einer Rechtskurve an einer Müllhalde vorbei. Der alten Markierung an der Zufahrt zum nächsten Haus dürfen wir nicht folgen, denn dieser Hohlweg wird zur Zeit mit Müll zugeschüttet. Auf der Anhöhe (620 m) gehen wir vor dem Haus Kienzlhofer rechts vorbei und immer auf der neuen Straße weiter, etwas nach links abwärts oberhalb einer Bachmulde entlang. Bei einer Rechtskehre sehen wir bereits auf *Rechberg* (576 m) und den *Badesee,* der von hier aus in fünf Minuten zu erreichen ist.

Von der Raab-Mühle bis hierher waren wir eine ¾ Stunde unterwegs.

Der Mittellandweg Nr. 150 führt nicht nach Rechberg hinein, sondern von der vorgenannten Rechtskehre scharf rückläufig nach links zu einigen Häusern. Wieder zeigt ein Wegweiser in Richtung Pammerhöhe. Wir wandern nicht nach rechts in das Tal des Baches hinunter, der den Rechberger Badesee speist, sondern noch vor den Häusern geradeaus zum Waldrand. Der Weg zur Pammerhöhe zweigt hier nach links ab, wir aber gehen geradeaus weiter hinauf, durch ein kleines Waldstück und danach stark ansteigend hinauf zu den nächsten gerade vor uns liegenden Höfen (Rechberg 9).

Kurz davor sehen wir rückblickend hinunter auf den Badesee, die Ortschaft Rechberg und am Hügel darüber die Kirche von Allerheiligen. Als Zielpunkt für unsere weitere

Wanderung halten wir rechts einen Hügel mit steinbedeckter Waldblöße fest.
Wir gehen auf der neuen Straße am ersten Hof rechts an einem Marterl vorüber, dann in einem leicht steigenden Rechtsbogen auf eine Straßengabelung zu.
Auf der Zufahrtsstraße zum nächsten Bauernhof wandern wir nach rechts zu diesem hinunter. Linker Hand liegen einige beachtliche Steinblöcke auf dem Hügel. Zum ersten Male sehen wir von hier aus St. Thomas am Blasenstein, nur wenig höher etwas links vor uns. Der Ort scheint so nahe zu liegen, doch dies täuscht. Dazwischen zieht sich ein tiefes Bachtal dahin, und bis zum Ort liegt noch eine schöne Strecke Weges vor uns.
Es geht links am Bauernhof vorbei und gleich dahinter bei einer Holzhütte zunächst nach links abwärts, über ein kleines Bachtal, und dann am Hang des *Kienastberges* (dies ist jener vorgenannte Zielpunkt: Hügel mit steinbedeckter Waldblöße) entlang. Die Wiesen sind mit Steinen und Granitblöcken übersät. Im Wald kommen wir erst leicht abwärts, dann fast eben und schließlich wieder ansteigend, alle steil nach links abwärts führenden Abzweigungen außer acht lassend, bei einem Kahlschlag auch nicht rechts aufwärts, sondern geradeaus an großen Felsklötzen vorbei, zu einer Weggabelung am jenseitigen Waldrand und dann in großem Bogen links hinab auf einen neuen asphaltierten Güterweg auf einen Hof zu. Am Güterweg wandern wir nach rechts, leicht abwärts durch Wald, dann frei über einem tiefeingeschnittenen Bachtal zum Hof *Ober-St. Thomas 20*.
Man kann auch einen wesentlich schöneren „Abschneider" gehen, und zwar beim vorgenannten Linksbogen nicht hinunter zum Güterweg, sondern auf einem erholsamen Waldweg geradeaus weiter, oberhalb der Straßenböschung, parallel zum Güterweg. Am Ende des leicht abwärts führenden Waldweges gelangt man dann mit wenigen Schritten nach

links über einen Feldrain hinunter zum Güterweg (unmarkiert, aber nicht zu verfehlen).
Von hier sehen wir wieder auf St. Thomas hinüber, das schon ziemlich hoch liegt, während wir vorerst aber noch immer abwärts wandern. Rasch noch einen Blick nach links auf die Ruine Ruttenstein bei Schönau, und wir marschieren auf dem Güterweg abwärts weiter, um dort, wo dieser zuerst eine langgezogene Rechts- und gleich darauf eine Linksbiegung macht, nach links über eine steile Wiesenböschung abzukürzen und weiter unten wieder auf unseren Güterweg zu treffen. Hier biegen wir nun scharf nach rechts auf einen Wiesenweg ein, der uns fast eben etwas oberhalb des Kefermühlbaches bachabwärts führt. Unten am Bach steht der Bauernhof *Ober-St. Thomas 34,* wo die von rechts herankommende Straße aus Rechberg vorüberzieht. Einige Meter auf dieser nach links, über die Brücke, und wir kommen auf die Straße Pierbach – Münzbach, der wir nach rechts folgen. Nach etwa 80 m zweigt links ein asphaltierter Güterweg (Kerschbaumer) ab. Ein Wegweiser zeigt nach St. Thomas. Wir gehen aber nicht in die angezeigte Richtung, sondern auf der Straße im Tal geradeaus noch etwa 200 m weiter. Dann zweigen wir nach links, nicht auf den ersten Wiesenweg, sondern auf die asphaltierte Zufahrtsstraße – trotz des Hinweisschildes „Sackgasse" – ab und kommen so in einem Rechtsbogen, stetig ansteigend, aus dem Keferbachtal heraus. Eine Linkskehre führt uns endgültig vom Bachtal weg und in ein kleines Seitental. Am Güterweg geht es bergauf und, nachdem wir eine Rechtsbiegung und darauf wieder eine Linkskurve des Weges hinter uns haben, erreichen wir eine Weggabelung, bei der wir uns links halten und so zum Hof *Ober-St. Thomas 1* gelangen. Der Güterweg endet hier und wir wandern nicht rechts (Karl-Waldeck-Weg), sondern geradeaus weiter hinauf, rechts am Tischlerkogel mit dem Bezirks-Heimkehrerkreuz

vorbei, zu einem ansehnlichen Granitblock. Auf einer der netten Bänke können wir hier etwas verschnaufen. Einfallsreiche Naturschützer haben hier recht originelle Papier- und Abfallkörbe aufgestellt. Eine Gedenktafel erinnert an Vater und Sohn Waldeck, beide Lehrer und Musiker; der Sohn Karl war Schüler Anton Bruckners.

Wir verlassen den schönen Rastplatz und stapfen wieder geradeaus weiter hinauf zum nächsten Granitblock, rechts an diesem vorüber und haben nach einer Rechtskurve den Kirchturm von St. Thomas zum Greifen nahe vor uns. Gemeinsam mit einer weiß-blau-weißen Markierung umgehen wir die nächste Steingruppe nach rechts und kommen in einem Rechtsbogen zu einem Waldrand mit einer Bank, von wo aus wir noch einmal einen schönen, weiten Rückblick genießen. Unser Weg führt uns dann nach links hinauf zu einer Markierungstafel auf einer Waldwiese. Auch hier erwartet uns ein schöner, ebener Rastplatz mit Tischen und Bänken. Gerade vor uns ragt wieder das Heimkehrerkreuz in den Himmel; diesmal sehen wir es von der anderen Seite. Es geht weiter, nach links an einem Steinmarterl am Prozessionsweg vorbei, leicht ansteigend und nach einem weiteren Linksbogen schließlich nach rechts zu der von links heraufkommenden Straße von Pierbach. Nun wandern wir auf ihre nach rechts, an der Abzweigung zum *Blasenstein,* den wir eigentlich wirklich noch „mitnehmen" könnten (es lohnt sich!) vorüber und in einer Linkskurve hinauf zum Dorfplatz von *St. Thomas am Blasenstein* (722 m).

(Gehzeit Rechberg – St. Thomas ca. 1 ¼ bis 1 ½ Std.)

Der Blasenstein
(St. Thomas) – eine Laune der Natur.

Die Häuser des kleinen Ortes St. Thomas drängen sich zwischen Felsblöcken und Wackelsteinen in luftiger Höhe um ihre Pfarrkirche, die, bereits in der Mitte des 12. Jahrhunderts urkundlich genannt, auf den Resten einer alten Burg, castrum Plasenstain, aus der ersten Rodungsperiode errichtet wurde. Mit ihrer etwas unregelmäßigen, der Felsbildung angepaßten Grundform weist die dem hl. Thomas gewidmete dreischiffige Pfeilerkirche Merkmale mehrerer Stilepochen auf. Originell, zumindest ungewöhnlich, sind die zahlreichen Steinfiguren (Löwe, Pelikan, Einhorn, daneben Engel u. a. m.) auf den Schluß-Steinen und Konsolen, auf die sich die Rippengewölbe stützen. In der Gruft unter der Sakristei kann in einem gläsernen Sarkophag die Mumie eines Geistlichen, vermutlich die des Chorherrn von Waldhausen Vikar Franz Xaver Sydler (gestorben 1746), besichtigt werden. Weniger pietätvoll wird er im Volksmund ,,der luftgeselchte Pfarrer" genannt.

Die Hänge um den Ort fallen nach allen Richtungen steil ab und geben einen überwältigenden Rundblick frei, der nach Süden bis zur majestätischen Alpenkette reicht. Den besten Ausblick genießt man vom kleinen Felsplateau des Blasensteins. Hier liegen zwei Granitblöcke so nahe aneinander, daß sie nur einen schmalen Spalt als Durchlaß offenhalten, die sogenannte ,,Bucklwehluckn". Man erzählt, daß jeder, dem es gelingt sich hier durchzuzwängen, künftighin von aller Art Kreuzschmerzen verschont bleibe. Probieren auch Sie einmal da durchzukommen, denn – solle es wider Erwarten nichts nützen – schaden kann die kleine Fitneßübung auf keinen Fall.

Wenig außerhalb des Ortes steht auf der Anhöhe, die wir auf unserem Mittellandweg gestreift haben – es ist der Tischlerkogel – das bereits geschilderte Heimkehrerkreuz. Ergänzend dazu darf noch bemerkt werden, daß es frei, ohne Verstrebungen, ganze 25 m hoch dasteht und mit Leucht-

stoffröhren bestückt ist, die jeweils vom Einbruch der Dunkelheit bis Mitternacht brennen. Bei klarem Wetter ist dann dieses neue Wahrzeichen von St. Thomas am Blasenstein bis zu 70 km im Umkreis sichtbar.

Nachdem wir uns in St. Thomas ein wenig umgesehen und erfrischt haben – zu letzterem ladet besonders der schattige Gasthofgarten gegenüber der Kirche ein, in der Tankstelle gibt es nette Reiseandenken und auf der anderen Straßenseite kann man in einem schönen Kaufladen noch das Nötigste für den Weitermarsch besorgen – verlassen wir das Dorf bergab auf der Asphaltstraße in Richtung Grein bzw. Pierbach – Königswiesen. Wir haben uns fest vorgenommen, bald wieder in die wohltuende Ruhe dieses erholsamen Ortes mit den sauberen Häusern voller Blumenschmuck zurückzukehren. Links fällt uns noch ein riesiger Felsblock zwischen den Häusern auf, und wir sollten auf unserem weiteren Weg noch zahlreiche solcher stummen Zeugen ver-

St. Thomas am Blasenstein

Sh. 722 m,
1000 Ew.

Der Ort liegt auf einem beherrschenden Aussichtspunkt des Mühlviertels. Die Rundsicht umfaßt auch einen großen Teil der Nordalpenkette und der vorgelagerten Donauniederung.
Sw. Pfarrkirche aus dem 12. Jh. (in der Gruft Mumie aus 1746), Blasenstein.

Ausflugsziele: Heimkehrerkreuz, Wackelstein, Bärenlucke, Bad Kreuzen, Ruine Klingenberg, Ruine Saxenegg, Zigeuner-Mauer.

Plz. 4364,
Tel. (0 72 65)
28 1 12, 28 1 06

Zwei Gasthöfe sind um das Wohl der Gäste bemüht.

gangener Jahrtausende antreffen, die so charakteristisch für das Landschaftsbild sind.
Bei dem rechts an der Straße stehenden Haus *Mitter-St. Thomas 28* biegen wir nach rechts ab, zwischen zwei Häusern hindurch und gleich darauf schräg nach rechts auf einen kleinen, steil abwärts führenden Waldpfad, kommen an gewaltigen Felsblöcken im Hochwald vorbei und erreichen in einer Serpentine weiter unten die Straße nach Grein, die gerade hier eine große Kehre macht. Nach diesem „Abschneider" überqueren wir die Greiner Straße schräg nach links und folgen einem schmalen Pfad wieder durch dichten Hochwald steil abwärts zu einem Bauernhof unmittelbar neben einem Tümpel. Vom Hof weg geht es geradeaus zu einem Fahrweg, und auf diesem wenige Meter nach rechts, um dann auf dem hier einmündenden Fahrweg in eine flache Bachmulde zu geraten. Wir überschreiten den Bach nach links und zweigen auf der anderen Seite vom Fahrweg nach links ab, halten uns zunächst am Waldrand entlang und kommen nach einem Rechtsbogen, bei einer Weggabelung leicht ansteigend, in den nächsten Wald hinein. Auf keinen Fall darf man bei der vorgenannten Gabelung am Waldrand den steilen Weg nach rechts in den Wald hinein wählen! Wir bleiben am richtigen Weg und wandern in einem Wiesenbachgraben hinauf zum Haus *Mitter-St. Thomas 36,* wo wir auf einen asphaltierten Güterweg stoßen. Ein Rückblick von hier in Richtung St. Thomas, wo zwischen plumpen Felsgebilden gerade noch der Kirchturm der Ortschaft hervorlugt, lohnt sich.
Nach einigen Schritten auf dem Güterweg nach links, dann auf der asphaltierten Hauszufahrt zum vorerst erwähnten Haus nach rechts hin, aber noch davor nach links vorne auf einen Wiesenweg hinauf, marschieren wir einer Böschung entlang, zunächst nur etwas ansteigend, dann fast eben in ein Waldstück hinein. Von einem Steinhügel auf einer Wald-

blöße bietet sich ein schöner Weitblick nach Osten. Von hier sehen wir zum ersten Male Pabneukirchen.

Um jedoch am Mittellandweg Nr. 150 zu bleiben, müssen wir unbedingt noch vor der Waldblöße bei einer linker Hand liegenden Steingruppe scharf nach links einschwenken und dann auf einem angenehmen, stets leicht abwärts haltenden Pfad den schattigen Thominger Wald durchwandern. Etwas beklemmend wirken die zur Linken drohend aufgerichteten Steinblöcke, und man könnte meinen, daß sie jeden Augenblick umkippen könnten. Bald geht es steiler hinunter. Bei einer Wegabzweigung geht es nicht steil hinunter zu dem von hier sichtbaren Holzlagerplatz, sondern schräg nach links vorne, etwas weniger steil zu einem Forstweg, den wir geradeaus überqueren und so auf die kleine Waldstraße entlang des Willersdorfer Baches gelangen, auf die wir nach links einschwenken. Ein Stück Weges begleitet uns der Bach. Dann überschreiten wir ihn in einem Rechtsbogen, um am jenseitigen Ufer, uns bei der Weggabelung links haltend, einen zweiten Bach zu queren, der unweit in den ersten einmündet, und entlang des Grabens dieses zweiten Baches aufwärts wieder einen Waldrand zu erreichen. Etwa parallel zu einer Hochspannungsleitung führt uns der Weg in einem Rechtsbogen den Graben hinauf, rechts vom Bauernhaus *Kleinmaseldorf 15* vorüber, dann in einem Linksbogen zu einem von links herankommenden Fahrweg. Nach einigen Schritten nach rechts stehen wir vor dem *Forsthaus des Linzer Domkapitels,* dem ein Großteil der umliegenden Waldungen gehört. Wenn wir dem hier befindlichen Wegweiser „nach Pabneukirchen" folgen würden, könnten wir den kürzeren Fahrweg durch das Bachtal hinuntergehen, doch berührt dieser Weg nicht die Burgruine Klingenberg. Wir wandern daher am Forsthaus geradeaus vorüber (Wegweiser „nach Klingenberg") zum dahinterliegenden Waldrand, an dem ein schöner Rastplatz mit einer Bank zum Verschnaufen einladet. Dann geht es geradeaus in den Wald hinein, auf einem fast ebenen, angenehmen Waldpfad durch die würzige Luft des gesunden Hochwaldes. Aus einer kleinen Mulde (hier Wegfortsetzung des Weges Nr. 150 nach links!) geht es leicht nach rechts, plötzlich ziemlich steil hinauf auf den Burghügel. Auf dem gewaltigen, überhängenden Felsen stehen die sehr verwitterten Mauerreste der *Burg Klingenberg* mit ihren gotischen Tür- und Fenstereinfassungen aus Granit, die wie tote Augen erloschener Epochen in das ewig Grüne des Waldes hinausstarren. Von dem Rastplatz mit Tischen und Bänken kann man die Ruine, die mitten im Hochwald aus der Ferne nicht zu sehen ist, genauer betrachten. (Gehzeit ab St. Thomas etwa 1 Std.)

Die Burg Klingenberg liegt nicht unmittelbar an unserem Mittellandweg Nr. 150, aber es ist wirklich lohnend, den 5-Minuten-Abstecher auf dem markierten Weg hinauf zur Ruine zu machen. Vom Rastplatz bei der Burg geht man am besten auf dem geradeaus weiterführenden unmarkierten schmalen Pfad weiter. Dieser biegt bald nach links ein und umrundet das ganze Ruinenareal. Jetzt erst wird der teilweise noch erhaltene Bergfried sichtbar.

Die Burg Klingenberg wird als Eigentum des Grafen Ulrich von Clam-Velburg bereits 1217 urkundlich genannt. Mit Sicherheit ist aber anzunehmen, daß die Anlage weit älter ist, da sie zu der Burgenkette des 11. und 12. Jahrhunderts gehört, zu der auch Perg, Machland, Clam, Blasenstein und Ruttenstein zählten, und von den Herren Perg-Machland erbaut wurde.

Ruine Klingenberg, einst Altbesitz der Machländer und steinernes Symbol von Macht und Größe.

Als Ulrich von Clam-Velburg vom Kreuzzug nicht mehr zurückkehrte, ging das Anwesen in landesfürstliche Verwaltung über, und da sich besonders die Habsburger öfters in recht schwierigen finanziellen Situationen befanden, mußte auch Burg Klingenberg sehr häufig verpfändet werden. Im Jahre 1630 erwarb sie schließlich das Kloster Waldhausen, doch fand man kaum eine praktische Verwendung dafür. So wurde Klingenberg aufgelassen und begann zu verfallen. Seit 1792, das ist also nach der Aufhebung des Klosters Waldhausen, gehört Herrschaft und Ruine Klingenberg dem Linzer Domkapitel.
Den Felsformationen angepaßt, erhob sich die in mehreren Bauetappen errichtete Burg stufenförmig auf der hohen Granitkuppe und besaß ursprünglich zutiefst einen Außenzwinger, dann eine Unterburg mit Innenzwinger und schließlich oben die Hochburg. Erhalten sind heute noch größtenteils die älteren Teile der Anlage.
Der Steig, der um die Burg herumführt, kehrt wieder zum Anstiegsweg zurück. Wir wandern auf ihm weiter nach unten in die zuvor genannte Mulde, von wo aus der Weg die leichte Rechtsbiegung machte und steil zu steigen begann. Nun geht es nach rechts auf einem schmalen Pfad durch den Wald, ziemlich rasch hinunter weiter, aus dem Wald hinaus, wo wir auf den von links vom Forsthaus herunterkommenden erwähnten Fahrweg nach Pabneukirchen stoßen, dem wir nach rechts folgen. Durch eine Bachmulde gelangen wir zum Haus *Untermaseldorf 16*, bei welchem eine Kapelle steht. Wir gehen direkt am Haus vorbei, verlassen aber sofort dahinter den Fahrweg und biegen schräg nach links auf einen Wiesenweg hinunter ab. Zunächst durch Gebüsch, zweigen wir dann auf einer Wiesenfläche wieder nach links auf einen stark verwachsenen, recht schwer zu findenden Pfad, durch Dickicht führend, ab und erreichen beim Haus *Wetzelsberg 6* den Maselsdorfer Bach.

Wir überqueren ihn hier und wandern nach rechts am jenseitigen Ufer, zunächst parallel zum Bach auf einem Wiesenweg auf der Böschung talauswärts, dann mit einem Linksbogen vom Bach weg, in einen hier einmündenden Seitengraben, bald leicht steigend, schräg nach rechts über eine Wiese und schließlich auf einem Rain nach links zu einem großen Hochstand. Von hier gelangen wir in einem Rechtsbogen an einer Obstbaumgruppe vorbei und hier auf einem Wiesenweg wieder schräg nach links hinauf, um etwa in der Mitte zwischen den zwei von hier sichtbaren Gehöften direkt auf einen asphaltierten Güterweg zu treffen. Ganz nahe vor uns liegt jetzt Pabneukirchen. Dem Güterweg folgen wir nach rechts zu einem Marterl, nicht auf einer Hauszufahrt nach rechts, sondern geradewegs vorüber, bis kurz danach ein Feldweg nach links abzweigt. Auf diesem gehen wir fast eben, etwas schräg nach links vorne, unter schattigen Obstbäumen weiter, lassen uns durch eine örtliche Markierung, die entlang des asphaltierten Güterweges rechts abwärts weist, nicht beirren und kommen auf diesem Feldweg immer geradeaus auch über die nächste Wegkreuzung, an der ein Haus steht. Nun geht es abwärts, oberhalb einer rechter Hand liegenden Möbelfabrik vorüber, dann, die Straße Pabneukirchen – Münzbach überquerend, hinunter in das Wäschbachtal. Hoch über uns reckt sich vorne der Pabneukirchner Kirchturm in das Blau des Himmels. Wir halten uns auf das Pabneukirchner Freibad und auf eine Trafo-Station zu. Am jenseitigen Bachhang geht es auf einem Feldweg hinauf zu einem Güterweg, der nach links eng zwischen zwei Häusern hindurch, hinaus auf den Marktplatz von *Pabneukirchen,* mit der rechter Hand erhöht dastehenden Pfarrkirche führt. (Gehzeit ab Klingenberg ca. ¾ bis 1 Std.)
Die ursprüngliche Kirche, die zwischen 1065 und 1090 durch den Passauer Bischof Altman geweiht wurde, gehörte dann

1147 zum Kloster Waldhausen, das Otto von Machland gestiftet hatte. "Niunkirchen" – so die erste urkundliche Nennung – wird um 1300 auf Paben-Neunkirchen umbenannt und kommt 1406 zum Heiligen-Geist-Kloster Pulgarn. Während des Hussiteneinfalles wird der Ort völlig verwüstet. Ab 1497 erhält er Marktcharakter.

Der reizvolle, 571 m hoch gelegene Ort gruppiert sich recht malerisch um den nach Norden hin langgestreckten Marktplatz mit seiner runden Prangersäule, der an den alten Teil des seinerzeitigen kleinen Kirchenweilers anschließt. Auf der Anhöhe, die den südlichen Ortsteil beherrscht, steht die imposante, aber baulich fremdartig wirkende Pfarrkirche. Ihrem Äußeren nach erinnert sie an die Kirchenbauten südlich der Donau. Das dreischiffige dreijöchige Langhaus auf fast quadratischem Fundament ist ein architektonisches Meisterwerk voll ausgeglichener Harmonie. Die Orgelempore wird nicht von Spitzbögen getragen, sondern ruht auf waagrechten Steinträgern, was in der Epoche der Spätgotik als äußerst gewagt und als riskante Konstruktionsweise zu bezeichnen wäre. Der prächtige Hauptaltar stammt aus dem Kloster Waldhausen.

Der Ort macht einen zufriedenen und anheimelnden Eindruck. Gutgeführte Gasthöfe bieten alles, was es für erholungssuchende Urlauber an Annehmlichkeiten gibt.

Wir verlassen Pabneukirchen, nachdem wir den Marktplatz überschritten und links neben der Postautobushaltestelle zwischen zwei Häusern abwärts einen Feldweg erreicht haben, der uns zunächst in ein Bachtal hinunter und dann am jenseitigen Ufer auf einem neuen Fahrweg ziemlich steil hinauf zum Haus "Berger", *Ober-Pabneukirchen 12*, führt.

Pabneukirchen, idyllischer Rastplatz für Wanderer – abseits des lästigen Alltagstrubels.

Noch einmal sehen wir von hier auf den lieblichen Ort zurück und wandern dann, gemeinsam mit einer lokalen gelben Markierung auf der hier einmündenden Fahrstraße nach links weiter, bis zur ersten Feldweg-Abzweigung. Auf dem Feldweg geht es nach rechts ab zum nächsten Wald, durch ihn hindurch, an einem Holzmarterl vorbei, hinunter in das Tal des *Forstbaches.*

Dort, wo wir den Bach nach einem Rechtsbogen bei einem großen Marterl erreichen, biegen wir nach links ab und überqueren den Bach. Am jenseitigen Ufer gelangen wir zunächst in einem Linksbogen, dann nach rechts in einer Serpentine auf einer Waldstraße, stets leicht ansteigend, aus dem Tal hinaus. Entlang eines kleinen Seitenbaches kommen wir hinauf zum nächsten Waldrand, zuerst in einer Serpentine nach links nochmals in den Wald hinein, dann aber über Wiesen auf einen Fahrweg, der sich erst rechts, dann links hinaufschlängelnd einem Bauernhof auf der Hochfläche nähert.

Bald haben wir dieses Gehöft erreicht, gehen an ihm vorüber (rechts), treffen unmittelbar hinter dem Haus auf eine asphaltierte Zufahrtsstraße, auf die wir nach rechts einbiegen und gelangen an einem linker Hand gelegenen Stadel vorüber zum Waldrand. Von rechts her läuft eine kleine Fahrstraße auf uns zu. Wir folgen ihr nach links bis in die Ortschaft *Untereisendorf.*

Im Ort gehen wir nach rechts, zwischen den Häusern hindurch und bleiben nach dem letzten Haus weiter am Fahrweg, der bald nach abwärts führt. Den nächsten Hof linker Hand lassen wir ebenso wie die Zufahrt zum folgenden Gehöft auf der rechten Seite unbeachtet und biegen erst bei einer Rechtskurve nicht zu dem von hier aus sichtbaren Bauernhof eben vor uns, sondern nach links in den Wald ab. Auch auf dem Waldweg bleiben wir immer geradeaus, ohne auf einen der vom Hauptweg abzweigenden Wege einzuschwenken (selbst bei einer großen Abzweigung nach links – gerade weiter!) und gelangen so nach mehreren Kurven hinunter in ein Bachtal. Wir treffen zuerst auf einen Seitengraben, dem wir nach rechts abwärts folgen, etwa dort, wo wir unweit vor uns einen Holzlagerplatz sehen, auf den wir aber nicht zugehen und wo wir auch den Bach nicht überqueren. Wenn wir nach rechts durch den Graben aufwärts wandern, verlassen wir bald das Waldstück und gelangen zu einem kleinen Haus. Hier erst, etwas nach links, überschreiten wir auf einer Brücke den *Gießenbach*. Auf breitem Fahrweg geht es knappe 100 m durch einen Wiesengraben unterhalb einer Böschung hinauf und dann scharf nach rechts, auf schmalem Steig über das Bächlein eines weiteren Seitengrabens und wieder in den Wald hinein. Hier dürfen wir also nicht dem Fahrweg zum nächsten bereits sichtbaren Haus folgen, sondern müssen auf den kleinen Pfad abzweigen, der zunächst fast eben parallel zum Bächlein verläuft und dann nach rechts tiefer in den Wald hineinführt. Äußerst romantisch geht es langsam aufwärts, zuerst durch Dickicht und Jungholz, dann durch Hochwald, bis ans Ende des Waldstückes.

Von dem schönen Rastplatz an diesem Waldrand, der zu kurzem Verweilen einladet, wandern wir dann fast eben nach rechts dem Wald entlang, später auf einem von rechts aus dem Wald kommenden Weg in einem Linksbogen hinauf zum nächsten Bauernhof, dort zwischen den zwei Silos hindurch, und erreichen einen asphaltierten Güterweg. Auf diesem halten wir uns nach rechts und kommen fast eben an der ersten Wegabzweigung vorbei, die wir nicht beachten. Erst nach dem nächsten Gehöft, „Unterer Höfner", bei einem Eisenkreuz zweigen wir ab, schräg nach links auf einen breiten Wiesenweg in Richtung auf den Wald zu. Gleich nach der Abzweigung vom Güterweg stehen wir wieder vor einer Weggabelung. Wir wählen nicht den nach rechts zu einem weiteren Bauernhof, sondern den links zum Wald hin führenden Weg und halten uns dabei unbedingt auf dem oberen, flacheren Wegstück. Im Wald geht es schnell in mehreren Kehren hinunter zum *Bümelbach,* auf einem hölzernen Steg nach links hinüber und jenseits des Baches am Waldrand schräg wieder nach rechts quer über die Wiese herauf zum Bauernhof Raab, *Großerlau 5.*

Wir wandern links am Hof vorbei, dahinter leicht nach rechts, an einem Wagenschuppen, später am Nachbargehöft (Großerlau 4), fast eben vorüber. Immer geradeaus, zunächst etwas bergauf, dann wieder leicht abwärts, kommen wir zu mehreren Abzweigungen bzw. Kreuzungen. Beim ersten Male wählen wir den rechten, beim zweiten Male den linken Weg und erreichen so ein Haus mit Wegkapelle, an dem wir rechts vorbeiwandern.

Knapp dahinter geht es nicht auf einem Wiesenweg rechts zum nächsten Bauernhof hinauf, sondern geradeaus auf dem Fahrweg weiter, der eine Linksbiegung macht, dann hohlwegartig und schließlich rasch aufwärts an mehreren Abzweigungen immer geradeaus auf die Anhöhe (Kote 661) führt.

Von einem Bankerl neben einem eisernen Feldkreuz können wir von hier aus zum ersten Mal schon auf das ganz nahe vor uns liegende Dimbach sehen.

Wir wandern wieder geradeaus weiter, nicht auf der nach links abzweigenden Hauszufahrt und später auch nicht rechts auf der Zufahrt zum nächsten Bauernhof (Rieglerhof), kommen leicht nach links in eine flache Bachmulde hinunter, dann in weitem Linksbogen aus der Senke heraus und durch einen Hohlweg wieder bergauf an einem großen Hof vorüber. Schließlich gehen wir auf der von diesem Gehöft weg asphaltierten Zufahrtsstraße direkt auf den Ort zu, an einer Wäschefabrik vorbei, zu den ersten Häusern, zwi-

schen diesen hindurch und stehen recht bald am Marktplatz von *Dimbach* (680 m).
(Gehzeit ab Pabneukirchen 1 ³/₄ Std.)

Der hochgelegene Markt Dimbach, bereits 1147 als Pfarr- und Wallfahrtsort genannt, ist der Geburtsort des Komponisten Franz Xaver Müller, an den eine Gedenktafel im Ort erinnert. Müller wirkte als Domkapellmeister in Linz. Die Pfarrkirche, Mariae Himmelfahrt, stammt aus dem Jahre 1510, verfügt aber über eine recht prunkvolle Innenausstattung aus dem 17. Jahrhundert. Dennoch finden hier Gotik und Barock zu einem harmonischen Zusammenklang.

Der freundliche kleine Ort verdient es, wieder einmal besucht zu werden, vielleicht mit der ganzen Familie, denn es bieten sich von hier aus unzählige erholsame Kleinwanderungen und leichte erfrischende Spaziergänge durch die würzige Luft der vielen Waldungen in mittlerer Höhenlage an.

Von hier haben wir nur noch eine gute Stunde zu unserem letzten Etappenziel, nach Waldhausen. Aber es kann ja immer etwas eintreten, was zur vorläufigen Unterbrechung unserer großen Wanderung führt, beispielsweise ganz schlechtes Wetter (was an und für sich recht selten vorkommt) oder sonst etwas Unvorhergesehenes, und da ist es immer gut zu wissen, daß man nirgends am Mittellandweg Nr. 150 allein und „verloren" ist. Überall gibt es freundliche Menschen, die dem Fremden gerne mit Rat und Tat zu Seite stehen.

Daß es aber in Dimbach, wie allerdings auch in zahlreichen anderen Orten entlang unseres Weges, einen Taxi- und Mietwagenunternehmer gibt, muß rasch noch besonders erwähnt werden.

Als nämlich noch ganz am Anfang der Geschichte unseres Mittellandweges Nr. 150, als also die Markierung noch nicht so mustergültig von unserem Alpenvereinskameraden Wakolbinger mit seinen Mannen der Seniorengruppe der ÖAV-Sektion Linz nachgezogen und ergänzt war, begab es sich, daß unser etwas „gewichtiger" Alpenvereinskamerad und Mitautor dieses Wanderwegbuches eben zwecks Erforschung und Beschreibung des Wegabschnittes zwischen St. Thomas und Dimbach allein unterwegs war. Die sengenden Strahlen der Julisonne begannen vor einem aufziehenden Gewitter lästig zu stechen. Dem wackeren „Mittelland-Pfadfinder" machte dies jedoch weniger zu schaffen als daß er sich bereits mehrmals verlaufen hatte und, da die Bauern auf ihren Feldern waren, in den vorübergehend verwaisten Gehöften keine Auskunft über den weiteren Wegverlauf erhalten konnte. Oft mußte er ein schönes Stück wieder zur letzten Markierung zurück, um eine andere Abzweigung als die richtige Wegfortsetzung zu finden. Heute kann dies natürlich nicht mehr passieren – aber „Pioniere" haben es halt nicht gerade leicht.

Jedenfall: das Gewitter kam nicht, es war zur Donau hin südwärts abgezogen, aber auch ein richtiger Guß hätte Lenzenweger nichts ausgemacht, da es doch bekanntlich überhaupt kein „schlechtes Wetter" in Wandererkreisen gibt, höchstens mangelhaften Regenschutz.

Gegen Abend war dann Lenzenweger eben schon alles „wurscht", er haute seinen Hut irgendwo auf einen Baumstumpf und streckte alle Viere schweißüberströmt in den Schatten am Rande eines dichten Fichtenwaldes. Draußen in den schrägen letzten Strahlen der Abendsonne spielten die Mücken und in der großen Wiese vor dem Wald begannen die Grillen zu zirpen. Erschöpft schloß Lenzenweger die Augen. War das für heute das Ende seiner Wegbeschreibung?

Da plötzlich klangen Abendglocken durch die Stille seiner Einsamkeit, und gar nicht weit von der Stelle, wo er lag. Ein Hoffnungsfunke durchzuckte Lenzenweger und er sprang auf und folgte dem Geläute. Natürlich fand er bereits am nächsten Waldrand wieder die Markierung und erreichte bald danach den Marktplatz von Dimbach. Hilfreiche Bewohner

verrieten ihm eine wichtige Adresse, nämlich die des Taxi- und Mietwagenunternehmers Konrad Haider, 4371 Dimbach 39, der, obwohl schon sicher nach Dienstschluß, Lenzenweger in seinen VW-Bus lud und ihn unverzüglich gegen ein Entgelt, das wohl auch einer schmalen Geldbörse zu entnehmen war, zurück nach St. Thomas am Blasenstein brachte, wo Lenzenweger seinen Personenkraftwagen abgestellt hatte.
Und darum merke man sich Herrn Haiders Telefonnummer 0 74 18 / 28 6 16 und seine Adresse, denn er steht im Bedarfsfalle jedem anderen ebenso zur Verfügung.

Wir aber wollen uns jetzt noch rasch auf den Weg machen, um noch vor Einbruch der Dunkelheit unser letztes Ziel am Mittellandweg Nr. 150, nämlich Waldhausen, zu erreichen. Die ganze letzte Etappe ist zugegebenerweise etwas anstrengend, nicht nur, weil sie ziemlich lang ausgefallen ist, sondern weil es vielmehr für die ganze letzte Wegstrecke kennzeichnend ist, daß zwar keine besonderen Höhenunterschiede wie bei den früheren Etappen zu überwinden sind, es aber dafür nahezu ununterbrochen einmal steil bergauf und gleich darauf wieder steil bergab zu einem Bachtal und darauf wieder gleich steil bergauf usw. geht. Und dies spüren natürlich auch die jüngeren Wanderer allmählich in den Knien und den Wadeln.

Gemeinsam mit einer örtlichen Markierung – quadratische, grüne Tafeln mit der Nr. 2 – geht es gleich hinter der Kirche nach links auf einem neuen asphaltierten Güterweg zum Dimbach hinunter. Am jenseitigen Hang erreichen wir leicht ansteigend den Hof Wimmer und kommen weiter aufwärts in einem Linksbogen auf eine Anhöhe beim Hof Wenkeneder zu einer Güterweggabelung. Wir halten uns rechts abwärts auf dem Güterweg, der, gerade an der Zufahrtsabzweigung Furtlehner-Gaufmann vorbei, ebenso auch am nächsten Hof (Oberer Hornberger) vorüber, immer bergab, bis zu einer auffälligen Felsblockgruppe rechter Hand führt.

Hier verlassen wir nach etwa 2 km Wanderung ab Dimbach den Güterweg und biegen nach rechts auf einen Feldweg ein.

Der Mittellandweg Nr. 150 geht nun langsam in südliche Richtung über. Hoch über dem Tal des Sarmingbaches, entlang an Haselnußstauden, kommen wir zu einem schönen Rastplatz, von dem aus wir einen prächtigen Tiefblick genießen können. Wir wandern an einem Bildbaum vorbei in Richtung auf das nächste Gehöft, Unterer Hornberger, zu und zweigen direkt vor dem Anwesen nach links auf eine Wiese ab. Entlang des abwärtsführenden Wiesenweges stehen überall vereinzelt Königskerzen, die früher als Arzneimittel feldmäßig gebaut wurden.

Bei einer Weggabelung gehen wir geradeaus weiter, gemeinsam mit der Markierung des örtlichen Wanderweges Nr. 2 steil hinab auf einem romantischen Pfad durch Laubwald.

Zunächst in einem Linksbogen, dann geradeaus auf einem breiteren Fahrweg abwärts, gelangen wir schließlich mit einer Wegbiegung nach rechts aus dem Wald und treffen auf einen größeren Fahrweg, der von links aus dem Tal heraufkommt. Auf diesem wandern wir nach rechts, leicht steigend, zum nächsten von hier bereits sichtbaren Hof, etwa parallel zum Sarmingbach talauswärts. Nach rechts zwischen dem Haus und dem Wagenschuppen hindurch und gleich dahinter wieder nach links, geht es bergauf wieder in den Wald hinein. Rechter Hand erblicken wir eine Quellfassung (Katharinenquelle) und kommen durch Laubwald auf eine Anhöhe hinauf, dann auf einem Fahrweg wieder bergab auf einen Bauernhof, Ettenberg 16, zu und erreichen nachher beim Hof Herzog eine asphaltierte Zufahrt, der wir nach links weiter folgen. Rechts am Hof Fuchs vorbei führt uns der Weg geradeaus, leicht fallend, auf dem asphaltierten Güterweg weiter. Beim Hof Kern trifft die örtliche Markierung Nr. 32 zu uns. Gemeinsam mit ihr und der Wegmarkierung Nr. 2 ist unser weiterer Weg (geradeaus weiter) nicht mehr zu verfehlen, zumal auch alle Gehöfte vorbildlich mit grünen Emailschildern, auf denen jeweils die „Hausnamen" zu lesen sind, versehen wurden.

Wir erreichen auf der Straße eine kleine Kuppe, auf der neben einem Wegkreuz nochmals ein Bankerl zum Ausruhen einladet. Nach links führt ein Zufahrtsweg zu einem Gehöft. Wir aber bleiben auf dem asphaltierten Güterweg, der leicht bergab bald zu einer Rechtskehre ansetzt. Knapp vor dieser schneiden wir ein Stück Straße ab, indem wir nach rechts durch Buschwerk zu einem kleinen Haus hinuntersteigen, durch den Wald einem kleinen Bachlauf abwärts folgen, an einem Wasserreservoir vorbei, und bei einem Einfamilienhaus, wo sich das Tälchen weitet, aus dem Gestrüpp heraus-

---

Gasthof-Pension Ettlinger

4391 Waldhausen,
Schloßberg 27,
Tel. 0 74 18/206

Gemütliches Haus der Kategorie B (50 Betten) mit Neubau, ruhige Lage, Zimmer größtenteils mit Bad oder Dusche, WC, eigenem Balkon; bekannt gute Küche, Aufenthalts- und Fernsehraum, Terrasse, Gastgarten, beheiztes Freibad mit großer Liegewiese, Tischtennisraum; 3 Minuten zum Badesee, 1 Minute zu den Tennisplätzen, Ausgangspunkt herrlicher Wanderungen und Spaziergänge.

kommen und wieder auf den weiter oben von uns verlassenen Güterweg Ettenberg stoßen.
Während wir nun auf dem von links herabkommenden, zuvor genannten Güterweg geradeaus weiterwandern, erblicken wir zum ersten Male den Waldhausener Schloßberg.
Nach etwa 200 m treffen wir auf die von links aus dem Sarmingbachtal heraufführende Straße zum Schloßberg, kommen rechts am *Gasthaus Reutner* vorbei, wo die Kontrollstelle des Waldviertler Weitwanderweges Nr. 606 untergebracht ist, und gehen mit diesem geradeaus weiter gemeinsam das kurze Stück auf das *ehemalige Augustiner-Chorherrenstift* zu.
Der Weg Nr. 606 führt von hier über die Burgsteinmauer nach Ysper und in der anderen Richtung über die Stillensteinklamm nach Grein.

Stiftskirche Waldhausen
Otto von Machland, dessen Wappenschild im heutigen oberösterreichischen Landeswappen erhalten blieb, stiftete nach der ersten, im Jahre 1141 erfolgten Gründung des Zisterzienserklosters in Baumgartenberg noch ein zweites Kloster. Dies geschah 1147 in seiner Burg Säbnich bei Sarmingstein. Niemand konnte damals ahnen, welch wechselvolles Schicksal bald über dieses Kloster des hl. Johannes d. T. und über die Augustiner-Chorherren hereinbrechen sollte.
1155 gründete ein Teil der aus dem bayerischen Wettenhausen stammenden Chorherren ein neues Kloster weiter oben am Sarmingbach, und den Anfang des Auf und Ab dieses Stiftes bildete ein verbissen geführter Kampf zwischen dem ersten Stiftsvorsteher Selper und Abt Wernher von Göttweig, der die Mönche mit Waffengewalt vertrieben hatte und grausam über das Kloster herrschte. Nachdem der Tyrann von

Stiftskirche Waldhausen. Die überaus reichen Stuckornamente beleben das einzigartige Barock-Kunstwerk.

seinen eigenen Brüdern ermordet und in die Donau geworfen wurde, drohte dem jungen Kloster der finanzielle Ruin. Im letzten Moment konnte dies Bischof Reginbert von Passau mit einer großzügigen Schenkung noch einmal verhindern, und von da an begann es langsam wieder aufwärts zu gehen. Aus dieser Zeit ist besonders die Persönlichkeit des Chorherrn Konrad von Waldhausen hervorzuheben, der als Sittenrichter und hervorragender Kanzelredner dann 1360 sogar an den Hof in Prag berufen wurde, um Beichtvater Karls IV. zu werden. Seine Lehren beeinflußten auch Hus. In den Jahren 1428 bis 1432 mußte das Kloster Waldhausen seine erste gewaltsame Zerstörung, diesmal durch die Hussiten, erleiden. Und wieder waren es Dotationen und Erbnachlässe, die nach dem Dreißigjährigen Krieg den Weiterbestand des Stiftes sichern konnten. Der Großgrundbesitz nahm mit dem Erwerb des Schlosses Sarmingstein und Gütern im Machland, bei Klosterneuburg und im Lungau zu. Für das Stift Waldhausen begann eine Blütezeit, die über hundert Jahre dauern sollte. Zwischen 1647 und 1680 war es dem geschickten Propst Laurentius Voss möglich, mit beachtlichem Kostenaufwand, das alte Kloster von Grund auf neu – und schloßähnlich – erbauen zu lassen.
Am 14. 1. 1786 schlug schließlich das Schicksal noch einmal zu. Es sollte das letzte Mal sein. Auf Grund einer kaiserlichen Verordnung mußte das Kloster aufgelöst werden. Das gesamte Besitztum verfiel der ,,allerhöchsten" Klosterkommission. 1792 war die Aufhebung vollzogen. In den Jahren 1800 bis 1810 wurde das Kloster teilweise abgetragen, wobei das Material beim Bau von Schloß Laxenburg und der Franzensburg Verwendung fand. Die französische Besatzung trug 1809 eifrig dazu bei, daß auch die Einrichtung des ehemaligen Stiftes am Waldhausener Schloßberg vernichtet wurde. Heute betritt man das aufgelassene Kloster durch den Torturm zwischen den Schüttkasten, die das jetzige Schloß dar-

stellen, und gelangt auf einen großen Hof. Hier stand ein Prachtbrunnen, den man jetzt im Prälaturhof des Stiftes Melk bewundern kann. Sehenswert ist die 1650 bis 1661 erbaute Kirche – ein Meisterwerk von Christoph Colomba und Carlo Canevale. Der Innenraum des vierjöchigen Langhauses mit acht Seitenkapellen wirkt überwältigend. In die reichen Stuckzierrahmen der Tonnengewölbe haben die Brüder Grabenberger aus Und bei Krems fast 300 farbenfrohe Fresken gesetzt. Zur lebendigen Farbigkeit dieses Deckendekors und den weißen Wänden steht das für das Frühbarock typische Schwarz-Gold der Altäre, des Chorgestühls, der Kanzel und der alten Beichtstühle in einem gewissen Kontrast. Das ursprüngliche Altarbild wurde von den französischen Besetzern 1809, die die Kirche als Stall benutzten, als Zielscheibe verwendet. Heute ziert den 18 m hohen, wuchtigen Altar eine Kopie des Hochaltarbildes aus der Stiftskirche des bayerischen Fürstenfeldbruck. Das Bild ist ein Geschenk der Gemahlin Kaiser Franz I., Karolina Augusta. In der nordöstlichen Seitenkapelle steht die Statue des Stifters Otto von Machland aus rotem Marmor (um 1510). Vielbestaunt ist in der Sakristei ein frühbarockes Lavabo.

Die beiden Waldhausener Kirchen, die Klosterkirche am Schloßberg, eine der frühesten Barockkirchen, und die Marktkirche, eine der letzten gotischen Kirchenbauten Österreichs, gehören zu den wertvollsten Kunstdenkmälern dieses Landes. Sie sind aber auch gleichzeitig der zu Stein erstarrte kulturelle Schaffenswille der einstigen Augustiner-Chorherren zu ,,silvia domus" – ,,Haus im Walde", dem heutigen Waldhausen.

Vor dem Eingangstor des früheren Stiftes biegen wir nach rechts auf den ,,Klostersteig", eine schöne, schattige Allee, ab. Es geht leicht abwärts zum Sarmingbach, dann am Kriegerdenkmal vorbei; unterhalb des Friedhofes, wieder etwas

---

Gasthof – Pension

Karl u. Maria Hader

4391 Waldhausen 10,
Tel. 0 74 18/333

Gutbürgerliches Haus mit modernem Komfort:
gemütlicher Gastgarten
Liegewiese
Sonnenterrasse
eigener Forellenteich
(Angelmöglichkeit)

---

ansteigend, erreichen wir bald die Marktkirche *Waldhausen*.

Wir wenden uns nach links und gelangen über Stufen zum Marktplatz, direkt zur Postautobushaltestelle. Am Marktplatz wenige Schritte nach rechts finden wir auf der linken Seite den großen *Gasthof Schauer,* unsere letzte Kontrollstelle.

Man darf Waldhausen, seinen Schloßberg und davor den schönen Badesee sowie das ehemalige Stift mit der eindrucksvollen Stiftskirche nicht einfach verlassen, ohne sich hier ein bißchen umgesehen zu haben. Ein kleiner Aufenthalt ist mehr als lohnend!

Der Ort Waldhausen wird erst 1359 urkundlich erwähnt, und zwar mit der Verleihung der ,,niederen Gerichtsbarkeit" an das Kloster im ,,Markt Waldhausen" durch Rudolph IV., den Stifter.

Auch die vom Linzer Baumeister Hiob Eder 1608 erbaute Marktkirche, die wie eine Burg schützend über dem Ort Waldhausen steht, ist unbedingt noch zu besichtigen. Dem nachgotischen Bauwerk verleihen zwei Treppentürme ein wehrhaftes Aussehen – und daß sich das Gotteshaus mehr als einmal verteidigen mußte, zeigen noch die deutlichen Spuren der Hellebardenhiebe der Hussiten und die Einschüsse der Franzosenkugeln am eisenbeschlagenen Kirchentor. Die großen gotischen Fenster erhellen den dreischiffigen Raum, dessen Ausschmückung bereits in den Baustil der Renaissance übergeht. Besonders originell ist das noch gotisch anmutende Sakramenthäuschen aus Granit, dessen ornamentaler Schmuck aber ganz der neuen Stilrichtung angehört. Der Hochaltar stammt aus dem Kreise der Schwanthaler.

Zusammenfassung: 5. Wegetappe: In den Strudengau

Weglänge:
Etwa 31 km (geschätzt).

Gehzeit:
7 bis 8 $^1/_2$ Stunden.

Höhenangaben:
Bad Zell 515 m, Baumberg 620 m, Naarntal 475 m, Kienzlhof 620 m, Rechberg 576 m, Käfermühlbach 516 m, St. Thomas am Blasenstein 723 m, Willersdorfer Bach 580 m, Klingenberg 696 m, Pabneukirchen 571 m, Forstbach 520 m, Unter-Eisendorf 660 m, Giesenbachtal 550 m, Blümelbach 525 m, Dimbach 680 m, Sarmingbachtal 450 m.

An- und Abreise:
Zu und von den Etappenenden nur Autobusverkehr.

Kontrollstelle:
Gasthof Schauer, 4391 Waldhausen 6, Telefon 0 74 18 / 227.

Gasthof – Pension

Wilhelm Schauer

Waldhausen

Gasthof mit Tradition, 25 Betten, alle Zimmer mit Dusche, WC und Zentralheizung, gemütliche Geträume, Fernsehraum, gutbürgerliche Küche, Tischtennis, Liegewiesen und Garagen.

Wegbeschreibung in umgekehrter Richtung – von Ost nach West Waldhausen – Oberkappel

Kurzfassung in Stichwörtern
5. Etappe

Vom Marktplatz in *Waldhausen* (Kontrollstempel im Gasthof Schauer einholen!) hinauf zur Marktkirche und nach rechts auf dem Klostersteig auf den *Schloßberg*. Hier links zum Gasthof Reutner. Nicht nach links weiter, sondern fast geradeaus in ein Bachtal. Bei einem Einfamilienhaus den asphaltierten Güterweg Ettenberg verlassen und in einem kleinen Tälchen durch Gebüsch gerade aufwärts. Kurz danach etwas steiler, leicht rechts, wiederum zum Güterweg hinauf und auf ihm links, an einer Verzweigung geradeaus, bis zum Hof Herzog in *Ettenberg* (Güterwegende). Auf dem gerade fortsetzenden Feldweg weiter, auf eine Anhöhe und durch Wald hinab zu einem Hof. Hier auf Fahrweg weiter abwärts nach links, Richtung Sarmingbachtal. Knapp vor Erreichen des Tales auf einen Waldweg links abbiegen. Auf diesem in einem Rechtsbogen, ziemlich steil hinauf zum Hof *Unterer Hornberger.* Nach rechts aufwärts, entlang von Stauden, hoch über dem Sarmingbachtal bis zu einem Güterweg. Auf diesem links, in 3 km, erst bergauf, bei einer Gabelung links bergab in das Dimbachtal und schließlich erneut aufwärts bis zur Kirche von *Dimbach* und rechts zum Marktplatz. Von hier nach links hinaus zu einer Wäschefabrik, weiter zu einem Bauernhof und durch eine Bachmulde hinauf auf eine Anhöhe (Kote 661). Durch einen Hohlweg hinab, dann schräg nach links vorne hinauf zum *Hof Raab* (Großerlau 5) und über Wiesen hinab zum *Blümelbach,* am jenseitigen Ufer einen Waldweg in mehreren Kehren, zum

> # Gasthaus „Zur Post"
>
> *Fr. Ridler*
>
> Waldhausen
>
> Fleischhauerei – Gasthof – Pension

Schluß nach rechts über Wiesen zum Hof *Unterer Höfner*. Auf dem asphaltierten Güterweg rechts zum ersten Hof links, hier ab, zum Waldrand links hinab, an diesem rechts (eben) entlang und einen Waldsteig hinunter zu einem Fahrweg in einem Graben, der nach links zum *Gießenbach* führt. Diesen nach links überschreiten, dahinter erst rechts, ein Seitenbächlein entlang, dann durch Wald nach links, bei allen Kreuzungen immer geradeaus, aufwärts. Am Waldrand rechts halten, immer geradeaus zu den Häusern von *Untereisendorf*. Im Ort (Fahrwegabzweigung in der Ortsmitte) nach links, dann nach 200 m rechts auf einen asphaltierten Güterweg. Beim letzten linksstehenden Haus nach links über Wiesenweg zum Wald hinab, in diesem auf Forstweg hinunter in zwei Kehren zum *Forstbach*. Nach Bachüberquerung leicht rechts halten und den Wald hinauf. Auf einem Feldweg zu einer Fahrstraße und links zum *Haus Ber-*

ger, Ober-Pabneukirchen 12. Rechts am Haus vorbei, steil hinunter in eine Bachsenke und jenseits hinauf zum Marktplatz von *Pabneukirchen.* Gerade über diesen hinweg, auf engem Güterweg zwischen zwei Häusern beim Markt hinaus, knapp dahinter einen rechts abzweigenden Weg hinunter zum Schwimmbad am *Wäschbach,* jenseits gerade empor, über eine Asphaltstraße, gerade weiter zu einem Hof und fast eben zu einem asphaltierten Güterweg. Hier rechts weiter, bei einer Hauszufahrt (nach links) gerade weiter, kurz dahinter links ab zu einer Obstbaumgruppe, nach rechts zu einem Hochstand, dann erst links, darauf rechts zu einem kleinen Bach, diesen abwärts. Auf Wiesenweg fast eben parallel zu einem größeren Bachtal bis zu einem Hof. Hier nach links, den *Maselsdorfer Bach* überqueren, schräg nach links, erst durch Gebüsch, dann über Wiese hinauf nach *Untermaselsdorf 16.* Auf dem Fahrweg rechts weiter, bei einer Kreuzung gerade, schließlich links in den Wald und auf dem Waldsteig hinauf zur Abzweigung nach *Klingenberg* (5 Minuten, links). An der Abzweigung nach rechts auf fast ebenem Waldweg zum *Forsthaus Klingenberg,* einige Meter auf dem Fahrweg gerade, dann schräg nach links auf einem Feldweg hinunter durch einen Bachgraben, schließlich nach links an den Waldrand und mit Rechtsbogen zum *Willersdorfer Bach.* Nach Überschreiten des Baches nach links diesem entlang, bald rechts ab, über eine Forststraße hinweg, schräg nach links zu einem Waldsteig. Auf diesem nach rechts, erst steil, dann flacher, auf eine Anhöhe mit Steingruppe. Hier scharf nach rechts und fast eben zum *Haus Mitter-St. Thomas 36.* Einige Meter auf dem Güterweg (nicht auf der Hauszufahrt) nach links, dann rechts abwärts auf einem Wiesenweg durch eine Bachmulde, bald in den Wald hinein und nach rechts hinab zu einem kleinen Bach. Nach Überquerung auf Fahrweg dem rechts liegenden Haus zu, bei diesem nach links zum Wald und auf schmalem Steig schräg links hinauf zur Straße Grein – St. Thomas. Straße schräg links überqueren, Waldpfad setzt sich mit Rechtsbogen fort, hinauf zu den Häusern von *St. Thomas am Blasenstein.* Im Ort nach links, vor der Linkskurve zum Kirchenplatz rechts weg zum Gemeindeamt, dann nach links zum „Prozessionsweg". Erst fast eben, dann auf einer Waldwiese nach rechts, steiler, schließlich wieder mit Linksbogen an Steinblöcken vorbei zum *Hof Ober-St. Thomas 1* (Kleindienst). Am Asphaltzufahrtsweg gerade weiter, bei einer Einmündung nach rechts und auf dem Güterweg ins *Käfermühlbach-Tal* hinab. Auf der Straße im Tal rechts bis zu einer Brücke. Auf dieser (Wegweiser Rechberg) nach links über den Bach, beim Haus am jenseitigen Ufer gleich wieder rechts fast eben, parallel zum Tal auf einem Wiesenweg auf einer Böschung zu einem aus dem Tal in Kehren aufwärts ziehenden Güterweg. Wo man den Güterweg erreicht, über diesen hinüber und gerade steil über Wiesen hinauf, eine Straßenkehre abkürzend. Oben, wo man wieder auf den Güterweg kommt, nach rechts, an einem Haus vorbei und durch den Wald bis vor den nächsten Hof. Hier in einer Kehre zu einem Waldweg nach links hinauf und rechts weiter durch den Wald bergauf. Am oberen Ende nach rechts zu einem Bauernhaus, hier links, im leicht fallenden Linksbogen zum nächsten Hof, an diesem links vorbei und abwärts *Richtung Rechberg,* durch ein Wäldchen geradeaus zu einigen Häusern. Bei diesen nach links, aber nicht in das Bachtal zur Linken, sondern hinauf auf eine von Rechberg kommende Straße (Abzweigung zum Badesee 5 Minuten). Scharfe Rechtsbiegung, hinauf zum *Kienzlhofer,* am Hof links vorbei und wieder links hinab auf neuer Straße in eine Bachmulde mit ehemaligem Hohlweg (wird derzeit zugeschüttet). Am Haus *Puchberg 5* vorbei und auf neuer Forststraße, erst nach rechts, dann im Linksbogen über einen Kahlschlag, einen kleinen Bach entlang weiter abwärts. Wo von links ein breiter Weg einmündet, nach rechts, bergab, in den Wald hinein. Schließlich knapp über der Naarn flußaufwärts, einige Meter am Fluß entlang, links über eine Brücke und einige Schritte auf der Straße ins Naarntal flußaufwärts *(Gasthof Raabmühle)*. Hier über die Straße und rechtwinkelig nach links auf Wald-Karrenweg ziemlich steil entlang einem Bach aufwärts. In einer Wiesenmulde mit einer Kehre zum Haus links, dort rechts, fast eben zur *Schloßruine Zellhof*. An ihr rechts, am Gasthof Langthaler links vorbei, bei einer Gabelung der asphaltierten Zufahrtswege rechts im Bogen zum nächsten Hof hinauf, bei diesem links, leicht aufwärts, in Richtung auf ein großes Gehöft mit Kastanienbaum zu (Kote 630, *Baumberg)*. Leicht rechts einen Feldweg hinunter, dann kurze Gegensteigung zu einem Waldrand (Hang des Grünberges) und schließlich in einem Rechtsbogen durch Wald, nach links wieder heraus zum Waldrand, von dem aus man bereits *Bad Zell* sieht. Hinab auf einen Wiesenweg unter einer Böschung, einige Schritte links, dann steil nach rechts hinunter zur Umfahrungsstraße, über diese schräg hinweg, zum Sportplatz, dann rechts zur alten Bundesstraße und über eine Brücke nach links zur *Kontrollstelle im Gasthof Haider.*

4. Etappe

Vom *Gasthof Haider* (Kontrollstelle) in *Bad Zell* nicht in den Ort hinein, sondern zwischen Häusern (Richtung Prandegg) ins *Kettenbachtal* (Linksbogen). Nach zirka 500 m in ein verwachsenes Seitental nach links, gleich dahinter rechts hinauf durch den Wald (Steig), dann auf einem Fahrweg hinauf an den Waldrand. Nach links zum *Haus Brosen* und zu einem Güterweg hinaus. Auf diesem links bis zu einer Straßenkreuzung (200 m). Hier rechts auf der Straße nach Gutau, bis von links der *Zufahrtsweg Auer* einmündet. Auf diesem links zum Hof Auer, dort rechts, hinab zum *Hinter-*

bach. Nach Überquerung einen Wald-Fahrweg aufwärts und über Wiesen zum nächsten Hof, rechts an ihm vorbei und auf der asphaltierten Zufahrt nach rechts zu einem Güterweg. Hier wieder rechts aufwärts, auf dem Güterweg zum *Haus Steininger*. Hier rechts vom Güterweg ab, am Haus vorbei und gleich darauf wieder zwischen Feldern links zu einem Wald, diesen auf schmalem Steig durchqueren, am jenseitigen Waldrand rechts und auf der Höhe der ersten Häuser vom Waldrand nach links über Wiese nach *Erdleiten.* Auf der Straße nach rechts in den Ort hinein bis zum Gasthof Ratzenböck, da nach links, einen Feldweg hinab zum Güterweg Hinterberg. Auf diesem bzw. dem gerade fortsetzenden Güterweg Haferzeile etwa 2 1/2 km fast eben weiter. Beim Hof *Knollnhof 10* rechts über einen Wiesenweg auf eine Baumgruppe zu, noch einige Schritte über eine Wiese hinab und nach links in den Wald hinein. Auf schmalem Steig immer geradeaus schräg abwärts, ziemlich steil bis nach *Reichenstein*. An der Schule vorbei hinab zur *Waldaist,* über diese hinüber, auf der Waldaiststraße einige Schritte links, flußabwärts, und beim *Gasthof Eibensteiner* auf schmaler Asphaltstraße nach rechts ab. Kurz danach auf schmalem Weg nach rechts, dann über Stufen hinauf zur *Schloßruine.* An der Kapelle und am Vorwerkturm links vorbei, dahinter in den Wald und steil aufwärts, später flacher, mit Linksbogen zum Waldrand, an diesem eben entlang und erst rechts, dann links auf Feldweg zum *Haus Gaisruckdorf 1.* Nun links immer – in mehreren Kurven leicht bergauf – auf dem Güterweg Gaisruckdorf und auf dem diesen gerade fortsetzenden Güterweg Selker nach 3 km hinaus zur Straße Gutau – Pregarten. Hier einige Meter links, dann rechts zum *Gasthaus Selker* (Postl). Von diesem geradeaus einige Schritte auf einem Wiesenweg weiter und zu einem Feldweg. Auf ihm nach links, erst eben an einem Hof vorüber, dann steiler hinunter zur *Haltestelle Selker im Feld-*

aisttal. Durch den Bahndurchlaß unterhalb der Haltestelle hindurch, dann einige Meter links und gleich wieder rechts zur Feldaist, auf einer Brücke über sie hinweg und einen Wald-Hohlweg aufwärts zu einem Gehöft. Hier nach links auf den asphaltierten *Güterweg Mahrersdorf* hinaus, auf diesem rechts weiter bis zur Einmündung in einen anderen Güterweg und jetzt auf diesem nach rechts. Bei der ersten Hofzufahrt in großem Bogen nach links zum Hof hinauf, auf Feldweg gerade weiter und durch den *Veichter Wald* hinab zu einem Haus. Auf der Hauszufahrt gerade hinaus zum *Güterweg Schmidsberg,* auf ihm nach links, schließlich mit Rechtsbogen auf die Straße Neumarkt i. M. – Hagenberg – Pregarten (Gasthof *Niederaich).* Über diese geradeaus drüber, auf einem Güterweg weiter und nach ca. 800 m schräg nach rechts in den Wald. Durch das kurze Waldstück auf die Freistädter Bundesstraße bei der *Postautobushaltestelle Loibersdorf.* Einige Schritte auf der Bundesstraße nach rechts, dann links hinab auf den Güterweg Loibersdorf, im Rechtsbogen durch den Ort, beim letzten Haus über Wiese nach links zu einem Waldrand, in diesem mit Rechtsbogen abwärts zu einigen Häusern *(Holzing).* Von hier auf der asphaltierten Zufahrt geradeaus zum Güterweg Steinmühle hinaus und auf ihm links hinunter zur *Steinmühle* (Ort *Pfaffendorf)* an der *Kleinen Gusen.* Diese auf Brücke überqueren und nach rechts gusenaufwärts auf der Trasse der alten Pferdeeisenbahn. Nach ca. 10 Minuten bei der *Schermühle* schräg nach links vom Fluß weg, einen Waldrand aufwärts, Linksbogen, und vom oberen Waldrand nach rechts zur Ortschaft *Möhrersdorf.* Hier gerade weiter, auf Fahrweg mit Linksbogen zum Gehöft *Puchert.* Bei dieser Hausgruppe scharf rechts, einen Wiesenweg zu einem Wald hinab – Buschwerk–, nicht geradeaus auf dem breiten Weg im Bachtal hinunter, sondern auf dem verwachsenen Steig schräg vorne nach links, über ein Bächlein, am jenseitigen

Hang etwa parallel zum Bach wieder ansteigend zu einem breiteren Weg, auf diesem mit Linksbogen vom Bach weg, zu einer Waldweg-Kreuzung. Hier nach links, dann am Waldrand und auf einer Wiesenböschung unter Obstbäumen bis knapp oberhalb der Ortschaft Trosselsdorf. Nun auf einem von links herabkommenden Weg rechts hinunter zur Straße Alberndorf – Neumarkt i. M. und auf dieser zur *Kontrollstelle* im *Gasthof „Grüner Kranz"* in *Trosselsdorf* (links).

3. Etappe

Von der Kontrollstelle in *Trosselsdorf* nicht auf der Neumarkter Straße nach rechts, sondern geradeaus zwischen Häusern auf enger Straße und über Stiegen hinauf zum Güterweg Schallersdorf. Auf diesem links bis zur Ortstafel, dann rechts einen Feldweg abwärts und aus einer Mulde gerade hinauf zu einem Hof. Jetzt wieder gerade abwärts, eine Art Hohlweg, dann nach links zum Waldrand. Einige Schritte rechts am Waldrand entlang, dann hinein (Gebüsch, später Hochwald), gerade aufwärts, erst steil, dann flacher mit großem, fast ebenem Linksbogen zum Waldrand bei *Schall*. Erst noch gerade weiter, dann mit Rechtsbogen durch eine Wiesenmulde zum Güterweg. Auf ihm nach rechts, an den Häusern von Schall vorbei, bis von links ein anderer Güterweg einmündet. Diesen nach links hinauf zu einigen Häusern und dem Feuerwehrdepot von *Baumgarten*. Gerade weiter zum Wald hinab, hier Rechtsbogen am Waldrand abwärts, dann fast eben nach links zu einem „Häusel" und gerade weiter zu einem Wochenendhaus. Nun nach rechts über Wiese steil hinunter und bei einer Wegeinmündung nach links zu den ersten Häusern von *Lamm* und zum Güterweg. Auf diesem ca. 300 m nach links. Bei einem Hof auf der rechten Seite nach rechts ab, rechts am Haus vorbei und in einer Linkskurve ziemlich steil hinauf zum Wald. Nach einer Kehre (rechts/links) stetig gerade aufwärts, zuletzt flacher und über einen Wiesenweg zum Güterweg *Stiftung*. Auf ihm nach links, nach einigen Metern beim ersten Hof rechts ab, gerade einen Feldweg aufwärts und beim obersten Haus nach links. Auf einem Feldweg fast eben oberhalb des zuletzt genannten Güterweges, fast parallel zu diesem, weiter, dann in einem Rechtsbogen zu einem Waldrand und kurz danach bei einer Weggabelung nach links, dann gerade hinaus zur Straße Ottenschlag – Helmetzedt. Auf ihr nach links in den Ort *Helmetzedt*. Nach den ersten Häusern auf einem Feldweg nach rechts von der Straße weg, erst bergauf, dann auf einem fast ebenen Wiesenweg parallel zur Straße Reichenau – Helmetzedt zu einer Wegkapelle in Haid. Hier geradeaus Abzweigung (Stichmarkierung Nr. 95 zum *Helmetzedter Berg,* 941 m, 10 Minuten). Bei der Kapelle nach links zur erwähnten Straße und auf ihr nach rechts abwärts, erst über Hochheide, dann durch Wald. Von links mündet eine Sandstraße ein. Auf ihr noch einige Schritte nach rechts weiter, dann bei den Häusern von *Eggerling* nach links einen Wald-Hohlweg hinab und durch eine Bachmulde gerade hinauf zu den Häusern von *Zollerberg*. In der Ortschaft auf asphaltiertem Güterweg gerade weiter, bis nach rechts, fast eben ein Waldweg abzweigt. Dieser führt steiler bergab bis zum Waldrand. Hier quert der Güterweg Mistelbach, der überquert wird, geradeaus weiter, steil durch Wald hinunter, nach wenigen Schritten zur Straße Ottenschlag – Reichenau. Auf dieser etwa 500 m nach links. Noch vor den ersten Häusern von Reichenau nach rechts ab, auf schmaler Straße (Zufahrt zum Gasthof Seyrlberg) hier in den *Ort Reichenau* hinein, hinab zur Ortsstraße, auf ihr nach rechts, an der Kirche vorbei, aufwärts zum Marktplatz. Hier geradeaus, am Gasthof Post vorüber, erst auf schmalem Asphaltweg zwischen den Häusern hindurch, dann einen Waldweg stark ansteigend zur *Ruine Reichenau*. Bei dieser nach rechts auf eine Fahrstraße, an Wochenendhäusern vorüber und im Rechtsbogen zur Straße Reichenau – Hellmonsödt, auf dieser etwa 100 m nach links, dann rechts in den Wald hinein (alte Straße), aber nicht gerade auf einer Forststraße, sondern nach links auf der alten Straße weiter. Wo diese leicht nach links umbiegt, von ihr ab, auf schmalem Pfad über ein sumpfiges Bächlein und in den Wald hinein. Bei einer Waldwegkreuzung geradeaus weiter, dann aus dem Waldstück heraus. Hier quert die Straße Hellmonsödt – Habruck – Schenkenfelden. Über diese hinweg, auf Feldweg gerade weiter zu den Häusern von *Oberaigen* hinauf. Auch über die Ortsstraße gerade hinweg und auf Wiesenweg zum Rande des Dreiegger Waldes. Auf schönem Waldweg mit leichtem Linksbogen, etwas abwärts, dann hinaus zu den Wiesen von *Obersonnberg* und zum Güterweg Rudersbach. Auf ihm nach links in Richtung Hellmonsödt, an einigen Wochenendhäusern vorbei, ca. 700 m lang auf der Straße weiter. Dann – nach einem Waldstück – einen Feldweg rechts hinunter zu einem neuen Wochenendhaus und auf dem Feldweg nach rechts, schließlich über einen Wiesenweg (alte Rudersbacher Straße) parallel zur Ortsstraße und den Häusern des Waldhufendorfes *Rudersbach*. Der Wiesenweg mündet nach einer Kreuzung, auf der links in Richtung auf die Rudersbacher Häuser hin abzubiegen war, in eine kleine Fahrstraße; diese nach links in den Ort Rudersbach und hier auf asphaltiertem Güterweg nach rechts bis zum letzten Haus *(Unterrudersbach 1)*. Hier gerade – den oberen der beiden Wege – erst über Wiese, dann durch Wald abwärts, nun wieder über Wiese rechts an einem hölzernen Wochenendhaus und links an einem Einfamilienhaus vorbei, mit Linksbogen zum Waldrand. Auf Waldweg abwärts, bei einer Gabelung den rechten Weg zum Waldrand mit Blick auf Zwettl. Dann weiter geradeaus hinunter, bei einem Bauernhaus nach rechts über den *Eisbach* und links durch die *Schmiedfeldsiedlung* hinaus zur Leonfeldner Bundesstraße. Auf ihr nach rechts über die Rodlbrücke zum Marktplatz von *Zwettl an der Rodl*. Hier nach links, auf der Straße nach Oberneukirchen an Kirche, Gemeindeamt, Raiffeisenkasse und Post vorbei und bei der Ortstafel einen Weg, an einigen Neubauten vorbei, nach rechts. Dann durch einen Hohlweg und über Wiese wieder hinauf zur Oberneukirchner Straße. Gerade hier mündet der Güterweg Innerschlag ein. Auf diesem erst eben, dann leicht bergab, schließlich wieder steigend, bei der Weggabelung am rechten Güterwegast hinauf bis zum Gasthof-Pension „*Sonnenhof*", *Innernschlag 1* (AV-Herberge und *Kontrollstelle*).

2. Etappe

Vom *Sonnenhof* (Kontrollstelle) nicht auf dem Güterweg nach rechts, sondern auf dem Fahrweg zwischen Wochenendhäusern hindurch, gerade zum Wald hinab. Ansteigend, gerade in den Wald hinein, nach einigen Minuten nach rechts an den Waldrand und quer über eine Wiese, schräg nach rechts, durch Buschwerk erst rechts, dann Linksbogen und über Wiese hinauf zu den Häusern von *Innernschlag* und zum Güterweg. Auf diesem nach links, erst ansteigend, dann eben, bei einer Abzweigung gerade weiter bis zur Ortstafel von *Oberneukirchen*. Wo der Güterweg nach rechts abbiegt, gerade weiter und zwischen den Häusern hindurch zum Oberneukirchner Kino am Güterweg Ringweg. Hier links, leicht ansteigend, zur Wanderwegkreuzung bei der Raiffeisenkasse. Dann rechts am Pfarrhof vorbei, die Waxenberger Straße geradeaus überqueren und nach der Kirche links den Güterweg Fuchsgraben hinunter. Rechts Abzweigung Weg Nr. 140 nach Piberstein. Gerade bis zum tiefsten Punkt auf dem Güterweg, hier vom Güterweg weg, nach links zu einem Haus über die Böschung hinauf und nach rechts ansteigend die alte Straße zu den Häusern von *Schaffetschlag*. Hier wendet sich unser Weg nach links zur Waxenberger Straße, auf ihr einige Schritte rechts und dann gleich wieder links weg durch Wochenendhäuser-Reihen hindurch. Gleich dahinter rechts, gerade über einen Fahrweg drüber, durch ein Waldstück, dann auf und unter einer Böschung weiter, an einem Haus vorüber und gerade zu einem ebenen Fahrweg, der parallel zur höher gelegenen Waxenberger Straße bzw. zum tiefer gelegenen Güterweg Mitterfeld durch Wald (Buschwerk) in Richtung Waxenberg führt. Auf ihm bis zur Straße St. Veit – Waxenberg, auf dieser einige Meter rechts und wieder rechts einige Stufen hinauf in den Ort *Waxenberg*. Hier nach links abwärts, am Gasthof Atzmüller und beim neuen Schloß vorbei. Bei der Straßenkehre (hier Abzweigung zur Ruine und links nach St. Veit) gerade weiter, am Kinderheim Schwalbennest vorüber und nach rechts hinunter zum Waxenberger Skihang. Diesen nach rechts hin überqueren und zu einem Haus an seinem unteren Ende, hier auf einem Fahrweg links leicht bergab zur St. Veiter Straße, einige Meter auf ihr rechts, dann rechts ab zu zwei Höfen (Gillhöfe) der Ortschaft *Wögersdorf*. Auf steilem Wiesenweg geradeaus hinab zur *Kleinen Rodl*. Nun rechts auf der St. Veiter Straße hinaus, auf ihr in einer Linkskurve über die Kl. Rodl, nach der großen Linkskurve wieder nach rechts auf Wiesenrain hinauf und rechts zum Haus *Grubdorf 1,* dann links in den Wald steil aufwärts. Bei einem Bauernhaus etwas links und bei einem darauffolgenden Einfamilienhaus auf asphaltiertem Güterweg wieder rechts und in einem Linksbogen hinauf zum nächsten Gehöft. Hier wieder nach rechts, am Waldrand und über Wiesen hinauf zum Hof *Windhag 1*. Auf dem Güterweg geradeaus hinauf, an Wochenendhäusern vorbei, bis zu einem Waldstück linker Hand. Durch dieses, nach einigen Schritten (links) zum Weg von St. Veit auf den Hansberg und auf diesem erst rechts, dann mit Linksbogen auf den *Hansberg* hinauf. Nach dem Kinderheim auf der Zufahrtsstraße einige Meter rechts, dann nach links entlang einer Steinmauer und wieder links auf einem Fahrweg bergab zu einem Haus. Hier nach rechts in den Wald, steil bergab, am unteren Waldrand nach rechts zur Asphaltstraße nach St. Johann, auf ihr einige Schritte rechts, dann schräg links über eine Wiese zu einem Wald. Auf schönem Waldweg durch das Waldstück, am anderen Ende nach rechts (– nicht dem linken, markierten Weg am Waldrand nach Niederneukirchen folgen! –), dann auf einem Wiesenweg in eine Bachmulde, hier links und im Rechtsbogen hinauf zu einem Hof. Hinter diesem rechts einige Schritte auf einem Fahrweg, dann nach links zu einem weiteren Hof mit Kapelle und auf asphaltierter Zufahrt links wieder zu einem Bauernhaus. An diesem vorbei, auf Wiesenweg mit Rechtsbogen hinunter ins Tal des *Pesenbaches,* diesen überqueren und nach links entlang, abwärts, bei der *Sagmühle* auf einer Brücke über den hier einmündenden Seitenbach und weiter, fast eben auf Waldstraße im Tal geradeaus abwärts. Nach der Schwarzmühle (nächstes Haus im Tal) leicht nach rechts, ziemlich steil aus dem Tal auf Fahrweg heraus zum Haus *Hötzeneck 9.* Auf Güterweg links, kurz darauf schräg rechts zum Waldrand hin und an diesem entlang rechts abwärts, dann mit großem Linksbogen zu zwei Bächen und auf einer Brücke rechts über sie hinüber, links auf asphaltiertem Güterweg bis zur Einmündung des asphaltierten Zufahrtsweges Hauzenberg von rechts. Diesen hinauf zu einer Straße, auf ihr rechts an einem Hof vorbei und kurz danach nach links auf einen Fahrweg. Mit Linksbogen zur Asphaltstraße Bahnhof Neuhaus – Niederwaldkirchen – St. Peter. Einige Schritte rechts, dann links ab, auf dem neuen Güterweg Ganserwinkel an den Häusern von *Pehersdorf* vorüber, in langgezogener Rechtskurve, dann vom Güterweg weg und links hinab ins Tal des *Bairachbaches,* über den Bach hinüber nach rechts und durch den Wald hinauf zu einem Hof an einem asphaltiertem Güterweg. Auf ihm nach rechts, bei einer verfallenen Kapelle nach etwa 500 m wieder rechts von ihm ab, vorbei an den Häusern von *Otten* in eine Wiesenmulde – hier nicht nach links auf dem Fahrweg, sondern gerade auf Wiesensteig weiter – an einer auffälligen Buche mit Hochstand vorbei, zu einem Gehöft, links an diesem vorüber und nach rechts hinaus zur Straße St. Peter – Neufelden, nahe der Ortstafel ,,*Steinbruch*" (rechts). Auf dieser Straße links zum nächsten Hof, hier rechts ab, mit Linksbogen hinter dem Haus auf Fahrweg, vorbei an einem Wegkreuz, hinunter zur Straße nach *Pürnstein.* Bei einer Nepomuk-Statue rechts, gleich darauf links Abzweigung der asphaltierten Zufahrt zum *Burggasthof Scharinger* mit *Kontrollstelle.*

1. Etappe

Vom Burggasthof in *Pürnstein* (Kontrollstelle) nach links auf steilem Pfad einige Schritte auf der Hauszufahrt von der Burg weg, dann über Stufen hinunter ins Tal der *Großen Mühl,* auf der Straße links, rechts über die Brücke, an der Bahnhaltestelle Pürnstein vorbei, etwa 2 km lang auf der Straße entlang des Stausees, vorüber an den Häusern von *Langhalsen* (bei einer Straßengabelung geradeaus). Dann, eine Kehre der Neufeldner Straße abschneidend, nach rechts zur nächsten Kehre hinauf. (Von hier nach Neufelden 5 Minuten.) Hier rechts auf schmaler Asphaltstraße, dann auf kleiner Sandstraße in ein Bachtal, bei der Teufenbachmühle nicht mehr weiter im Tal, sondern aufwärts auf Waldweg zu einer Lichtung mit dem großen Kreuz der ,,Waldandacht", dann etwas rechts, weiter ansteigend, und am jenseitigen Waldende mit Linksbogen zu zwei Gehöften

(Freileben). Dahinter links und dann geradeaus zur Rohrbacher Bundesstraße hinaus, gerade bei der Abzweigung der Straße nach Sarleinsbach. Auf der Sarleinsbacher Straße nun rechts bis zu den Häusern von Haselbach, hier links ab, etwas nach rechts, danach wieder links hinunter zu einem Waldrand und nach rechts, parallel zu einem Bächlein abwärts wieder in den Wald hinein. Am anderen Waldende links auf einem Fahrweg, am Haus *Doppl 7* vorbei, den *Getzenbach* entlang zur *Kleinen Mühl,* im Rechtsbogen hinab. Auf der Straße im Tal kurz nach links, dann rechts über eine Brücke auf dem asphaltierten Güterweg Tannberg – eine Kehre abschneidend – hinauf zur *Ruine Tannberg.* Von hier nach rechts steil eine Böschung hinauf – wieder eine Güterwegkehre abkürzend – dann auf dem Güterweg gerade aufwärts weiter bis zum großen *Tannberghof,* hier links, fast eben auf einem Feldweg bis zu einem Marterl mit Heckenrosen. Nun links einen Feldweg aufwärts, auf halbem Weg zum nächsten Gehöft wieder rechts, fast eben einen Wiesenweg entlang und mit Rechtsbogen zu einem Waldrand. Diesen entlang, auf einem „Buschpfad" über einen Kahlschlag, leicht aufwärts durch Wald auf überwuchertem Steig und weiter über eine Wiese zum *Gehöft Hub* hinauf. Ab hier auf einem Feldweg leicht rechts, dann geradeaus hinaus zur Straße nach Hörbich (rechts), auf ihr einige Meter links und wieder rechts, in der ursprünglichen Richtung weiter *(Außerhötzendorf).* Zwischen Feldern hindurch, auf einem Feldweg leicht aufwärts nach *Streinesberg* und auf dem dortigen Güterweg nach links. An einem Waldrand wieder rechts vom Güterweg ab auf einen verwachsenen Waldpfad, bei einer Wegkreuzung beim nächsten Haus gerade, fast eben, schließlich mit einem Linksbogen aus dem Wald heraus auf eine Wiese, auf der die Wallfahrtskirche *Maria Bründl* steht. Oberhalb der Kirche wieder rechts in den Wald hinein, hinauf auf eine Anhöhe und dann auf Feldrain

abwärts zum Weg nach Wulln, diesen Güterweg nach links zur Straße nach Putzleinsdorf (noch 1 km von hier bis in den Ort), einige Meter auf der Straße nach rechts bis zu einer Postautobushaltestelle. Von hier nach links nur ganz kurz auf der Straße zum Ameisberg, dann rechts auf einem Zufahrtsweg zu den Häusern von *Wögersdorf*, zwischen ihnen hindurch, über Wiese, dann am Waldrand entlang aufwärts. Auf einen von links heraufkommenden Weg abzweigen nach rechts, leicht ansteigend, bei einer weiteren Einmündung schräg nach links weiter, durch ein Waldstück, leicht bergab, aus diesem heraus, einen Waldrain entlang über einen breiten, kreuzenden Feldweg gerade hinweg, dann leicht bergauf zu einer Waldkuppe mit Hochstand. Von hier mit großem Linksbogen zu einem Waldrand wieder abwärts, dann auf fast ebenem Feldweg zu den Häusern der Ortschaft *Hohenschlag*. Auf der Asphaltstraße nach rechts durch den Ort, am oberen Ortsende auf einer Böschung rechts von der Straße parallel zu dieser aufwärts und schließlich nach links hin wieder zur Straße zurück, genau bei einer Straßengabelung. Über die Straße hinweg, auf der nach links abzweigenden Ameisbergstraße gerade aufwärts, durch Wald, bei einem Quellfassungshaus linker Hand rechts von der Straße ab und wieder in den Wald hinauf. Stets bergauf, dann mit einem Linksbogen zur Ameisbergkapelle, an ihr vorüber zur Warte am *Ameisberg,* 941 m. Auf der hier endenden Ameisbergstraße gerade wieder hinunter bis zum Parkplatz, an dessen talseitigem Ende scharf nach rechts, am Waldrand entlang und dann auf schönem Waldweg, immer steiler abwärts, bis zu einem Hochstand am unteren Waldrand. Hier durch Wiese erst im Linksbogen, dann mit Rechtskurve hinab zu den Häusern von *Hallschlag* und auf asphaltierter Zufahrt zu einem Güterweg. Auf diesem links hinein in eine Wiesenmulde, dann fast eben, alle Abzweigungen nach links nicht beachtend, nach 1 km zur Ortschaft *Vatersreith.* Hinter deren Häusern (leicht rechts weg vom Güterweg) vorbei und erneut auf einen nun mehr leicht ansteigenden Güterweg (etwas rechts). Diesen ca. 1 km entlang, zuletzt fast eben, mit Linksbogen zum letzten Haus der Ortschaft, zwischen den Koten 775 und 776. Beim Haus gerade in den Wald hinein, abwärts über einen Kahlschlag, dann steiler durch Hochwald etwas nach links, zuletzt mit Rechtsbogen aus dem Wald heraus. Am Waldrand entlang abwärts zu einer *Hubertus-Kapelle,* dann im Linksbogen über Wiese zur Straße Oberkappel – Kollerschlag, über diese hinüber, aber nicht zum Hof rechts, sondern zuvor wieder leicht links und dann gerade hinunter zu einigen Neubauten. Nun nach links wieder hinaus zur Kollerschlager Straße, deren große Kehre dabei abgekürzt wurde, auf ihr rechts bergab nach *Oberkappel,* vorbei am Grenzübergang nach Bayern zur rechten Hand, zur Ortsmitte und vorüber an der Kirche zum *Gasthof Fischer* (Kontrollstelle).

Statt eines Schlußwortes ...

Michelland[1])

Michelland, Wanderland, bist ja so schö
's is a Feichta füa mi, wann i duri kon geh!
Leb' jo sunst in da Stadt, wo 's laut is und grau.
Steck' föst drin in an Trott – hon koa Zeit net zan schau'.

Doh kimmt dann a Feichta, do wird 's füa mi hell,
geh' außi ins Michelland schö langsam, nöt z' schnell;
steh' dann aun an Roan, und schau' in die Fern',
tua d' Losa weit auf, kann d' Vögerl a hör'n,
siach d' Bleamal bunt blüahn und bi glückli dabei!

Doch wia lang geht's so weida? Nach zwoa Tag oda drei
muaß i wieda obi in dö Stadt, in dö grau.
Oba oans, liabe Leut, dös woaß i genau:
host d' Sunn du im Herzen vom Michelland drob'n,
kannst den Alltag da drunt'n vü bessa datrog'n!

Dieses kleine Mundartgedicht von *Walter Sagmeister* (Österreichischer Alpenverein, Sektion Linz) entstand anläßlich der ersten Begehung des Mittellandweges Nr. 150 auf der Strecke zwischen Oberkappel und Dimbach (1976).

---

[1]) Michelland: Mundartausdruck für Mühlviertel

Literaturnachweis und Quellenangabe:

Commenda,
Materialien zur landeskundlichen Literatur

Grabherr,
Burgen und Schlösser in Oberösterreich

Litschel/Ulm,
Zwischen Donau und Nordwald

Loderbauer,
Wandern und Bergsteigen in Oberösterreich

Schober,
Wanderungen im Mühlviertel

Schober,
Kapelle, Kirche, Gnadenbild

Sperner,
Ausflugsziele in Oberösterreich

Straßmayr,
Bibliographie zur oberösterreichischen Geschichte

Ulm,
Das Mühlviertel

Wanderkarten:

Österreichischer Alpenverein, Sektionenverband OÖ., Mühlviertler Mittellandweg Nr. 150, 1:100.000, Wegverlaufskizze mit Höhenprofil.

Freytag & Berndt, Wanderkarten, 1:100.000, Blatt 26 (Mühlviertel) und Blatt 11 (Strudengau).

Geografa-Verlag, Kompaß-Wanderkarte 1:50.000, Blatt 198, westliches Mühlviertel.

Bundesamt für Eich- und Vermessungswesen, Österreichische Karte 1:50.000, Blatt 13 (Engelhartszell), Blatt 14 (Rohrbach), Blatt 31 (Eferding), Blatt 32 (Linz), Blatt 33 (Steyregg), Blatt 35 (Königswiesen).

Wanderkarte „Linzer Hochland" 1:30.000 (für den Bereich Waxenberg bis Lamm), erhältlich zum Preis von S 10.– bei der Kontrollstelle in Zwettl an der Rodl und in den Gasthäusern und Geschäften im Ort.

Weganschlüsse:

Im Westen:
Der in der Bundesrepublik Deutschland in Vorbereitung befindliche etwa 50 Kilometer lange Anschluß des Bayerischen Waldvereins e. V. wird von Passau über Thyrnau – Oberdiensdorf – Kropfmühl – Pfaffenreuth – Thurnreutermühle – Wildenranna nach Oberkappel führen.
Auskünfte erteilt Bayerischer Waldverein e. V., Sektion Passau, Linzer Straße 7, Passau, BRD, Tel. (08 51) 48 23 (Otto Wirthensohn, Wanderwart).

Im Osten:
Am Schloßberg bei Waldhausen wird der Mittellandweg Nr. 150 vom Kremstalweg Nr. 606 gekreuzt, der von Grein an der Donau quer durch das ganze niederösterreichische Waldviertel bis in die Wachau führt.
Auskünfte erteilen alle Geschäftsstellen des Österreichischen Touristenklubs.

Merkblatt

mit den Bedingungen für den Erwerb des Mittellandweg-Abzeichens

Das Mittellandweg-Abzeichen kann jeder erwerben, ohne Rücksicht auf Nationalität, Geschlecht und Zugehörigkeit zu einem alpinen oder Sportverein, wenn nachstehende Bedingungen erfüllt sind:

1. Der Wanderer muß im Besitz eines Wanderführers sein. Bei Begehung des Weges durch Familien, Schüler- und Jugendgruppen genügt das Vorhandensein eines Buches. Der Leiter der Gruppe (ein Elternteil, Lehrer, Jugendführer) kann für seine Gruppe kostenlos Beiblätter anfordern, die mit Name, Anschrift und Alter für jede Person auszufüllen sind, die ein Wanderabzeichen erwerben möchte. Diese Beiblätter erhalten Sie (persönlich oder gegen schriftliche bzw. telefonische Anforderung auch zugesandt) beim Österreichischen Alpenverein, Sektionenverband Oberösterreich, Hauptplatz 23, 4020 Linz, Tel. 0 73 2 / 24 2 95 (73 2 95). Die Beiblätter müssen dem Wanderführer der Aufsichtsperson beigefügt werden.

2. Die Eintragungen aller Kontrollstempel im Wanderführer bzw. auf den Beiblättern müssen mit Unterschrift und Datum des Kontrollstellen-Inhabers oder dessen Beauftragten versehen sein. Die Inhaber der Kontrollstellen sind angewiesen, die Stempel nur an solche Personen abzugeben, die den Weg tatsächlich zu Fuß (oder per Schi) durchwandern.

3. An Kontrollstellen wurden festgelegt:

I. Oberkappel:
Grenzgasthof Fischer
Ersatz, falls geschlossen: beliebiges anderes Gasthaus im Ort;

II. Pürnstein:
Burggasthof Scharinger
Ersatz: Tabak-Trafik in Pürnstein, Nähe Burggasthof;

III. Zwettl an der Rodl:
Gasthof-Pension AV-Herberge „Sonnenhof", J. Kitzmüller, Innernschlag 1
Ersatz: Bäckerei und Konditorei-Café Engelbert Schwarz, Zwettl, Marktplatz;

IV. Trosselsdorf:
Gasthof Miesenberger „Zum Grünen Kranz"
Ersatz: Trafik, Bäckermeister i. R. Saminger (gleich daneben);

V. Bad Zell:
Gasthof Haider
Ersatz: beliebiges anderes Gasthaus im Markt;

VI. Waldhausen:
Gasthof Schauer, Marktplatz
Ersatz: beliebiges anderes Gasthaus im Markt.

Ein Ersatzstempel kann nur anerkannt werden, wenn die Einholung des Stempels in der ursprünglich vorgesehenen Kontrollstelle tatsächlich nicht möglich war.

4. Der Kontrollstempel ist am Beginn und am Ende jeder Etappe anbringen zu lassen. Wenn Sie also in einem Kontrollort übernachten, lassen Sie sich bei Ihrer Ankunft und vor Ihrem Abgang (jeweils mit Datum und Unterschrift)

den Kontrollstempel geben, da Sie ihn für das Ende der zurückgelegten und für den Anfang der neuen Etappe jeweils benötigen. Wenn Sie nach einer Unterbrechung des Weg fortsetzen, lassen Sie ebenfalls vor Aufbruch bei einer Kontrollstelle und am Ende der zurückgelegten Etappe den Wanderstempel eintragen.

5. Zum Erwerb des Wanderabzeichens ist kein Zeitlimit vorgesehen. Bedingung ist nur, daß der gesamte Weg, gleichgültig ob in einem Zug oder in verteilten Etappen, innerhalb eines Jahres, gerechnet vom Antritt der ersten Etappe, zurückgelegt und dies durch Erbringung aller vorgesehenen Kontrollstempel belegt wird. Die Reihenfolge der Etappen spielt dabei keine Rolle.

6. Nach Durchwanderung des gesamten Weges ist das Wanderbuch mit dem ausgefüllten Verleihungsantrag der Geschäftsstelle des Österreichischen Alpenvereins, Sektionenverband Oberösterreich, Hauptplatz 23, 4020 Linz, vorzulegen (gegebenenfalls gleichzeitig mit den in 1. erwähnten Extra-Beiblättern bei Familien oder Schüler- und Jugendgruppen), wo die Überprüfung der Eintragungen erfolgt. Diese Vorlage kann auch auf dem Postweg erfolgen, doch ist dabei unbedingt auch das Wanderbuch mit den Kontrollstempeln einzusenden. Nach Überprüfung erhalten Sie Ihr Buch, das Ihr Eigentum bleibt, zurück, und es wird Ihnen gegen Bezahlung der Gebühr für die Plakette (derzeit S 40.–) diese ausgefolgt. Bei Posteinsendung wird die Plakette zugesandt (per Nachnahme), wobei die Portospesen der Rücksendung des Buches und der Plakettenzusendung von Ihnen getragen werden müßten.

7. Die Benützung des Mittellandweges erfolgt auf eigene Gefahr. Der Österreichische Alpenverein bzw. seine Sek-

tionen und Ortsgruppen übernehmen keine wie immer geartete Haftung für Schäden. – Ein Rechtsanspruch auf Verleihung der Plakette besteht nicht.

8. Allfällige Anfragen, Wünsche, Beschwerden, Mitteilungen über Mängel etc. werden erbeten an: Österreichischer Alpenverein, Sektionenverband Oberösterreich, Hauptplatz 23, 4020 Linz, Tel. 0 73 2 / 24 2 95 (73 2 95).

Verleihungs-Antrag

An den
Österreichischen Alpenverein
Sektionenverband Oberösterreich
Hauptplatz 23
<u>4020 Linz</u>
Tel. (0 73 2) 24 2 95 (73 2 95)

Datum: _____

Ich ersuche um Verleihung der Mittelland-Erinnerungsplakette.

Name: _____ Vorname: _____

Anschrift: _____

_____

Alter: _____ Jahre.
Ich bin Mitglied eines alpinen Vereines: Ja ____ Nein ____

Wenn ja, welches: Verein: _____

Sektion: _____

Sparte oder Ortsgruppe: _____

_____

Ich erkläre wahrheitsgetreu, den Mittellandweg Nr. 150 im Jahre 19___ zur Gänze durchwandert zu haben und belege dies durch das Vorweisen meines Wanderbuches mit allen erforderlichen Kontrollstempeln.

Die Plakette hole ich in Ihrer Geschäftsstelle in Linz ab*).

Ich bitte, die Plakette und das vorgelegte Wanderbuch an meine Adresse (wie oben) zu senden*).

_____

(Unterschrift)

_____

*) Nichtzutreffendes streichen!

Vermerk

der Geschäftsstelle des
Österreichischen Alpenvereins,
Sektionenverband Oberösterreich

_____

1 Wanderbuch mit Kontrollstempel geprüft:
2 Mittelland-Plakette ausgefolgt:
2a Buch samt Plakette zurückgesandt:

_____   Stampiglie   _____
(Datum)   (Unterschrift)

Bitte, bei abschnittsweiser Begehung vor Antritt des ersten Teilstücks ausfüllen!

Als erstes Teilstück wurde am _____ 19____ die

_____ Wegetappe in Angriff genommen.

---

1 Gh. Fischer, Oberkappel

Datum, Unterschrift

---

2 Gh. Scharinger, Pürnstein

Datum, Unterschrift

3 Gh. AV-Herberge „Sonnenhof", Zwettl

Datum, Unterschrift

4 Gh. „Grüner Kranz", Trosselsdorf

Datum, Unterschrift

5 Gh. Haider, Bad Zell

Datum, Unterschrift

6 Gh. Schauer, Waldhausen, Markt

Datum, Unterschrift

5 Gh. Haider, Bad Zell

Datum, Unterschrift

4 Gh. „Grüner Kranz", Trosselsdorf

Datum, Unterschrift

3 AV-Herberge „Sonnenhof", Zwettl

Datum, Unterschrift

2 Gh. Scharinger, Pürnstein

Datum, Unterschrift

1 Gh. Fischer, Oberkappel

Datum, Unterschrift

Notizen

Notizen